Roderich Warkentin, Franz Muncker

Forschungen zur neueren Literaturgeschichte

Nachklänge der Sturm- und Drangperiode in Faustdichtungen des 18. und 19.

Jahrhunderts

Roderich Warkentin, Franz Muncker

Forschungen zur neueren Literaturgeschichte
Nachklänge der Sturm- und Drangperiode in Faustdichtungen des 18. und 19. Jahrhunderts

ISBN/EAN: 9783743427945

Hergestellt in Europa, USA, Kanada, Australien, Japan

Cover: Foto ©Thomas Meinert / pixelio.de

Manufactured and distributed by brebook publishing software (www.brebook.com)

Roderich Warkentin, Franz Muncker

Forschungen zur neueren Literaturgeschichte

Forschungen
zur neueren Litteraturgeschichte.

Herausgegeben von

Dr. Franz Muncker,
o. ö. Professor an der Universität München.

I.

Nachklänge der Sturm- und Drangperiode

in

Faustdichtungen

des

achtzehnten und neunzehnten Jahrhunderts.

Von

Dr. Roderich Warkentin.

München 1896.

Franke & Haushalter, Verlagsbuchhandlung.

Dem Andenken

meines

teuren Vaters.

Vorwort.

In drei grossen Phasen tritt die Faustsage in der deutschen Literatur auf, dem Volksbuch, dem Volksschauspiel und der Kunstdichtung. Die Volksbücher sind oft der Gegenstand sorgfältiger, wissenschaftlicher Untersuchung gewesen. Den Versuch, eine Geschichte des Volksschauspiels zu schreiben, hat Wilhelm Creizenach in seinem dankenswerten Buche gemacht. Noch niemals aber sind die Kunstdichtungen zusammengefasst worden. Alle zu vereinigen wäre kaum möglich, da sich dafür schwer ein einheitlicher Gesichtspunkt finden liesse. Auch haben die Kunstdichtungen seit der Vollendung des Goetheschen Faust, wenn man von Lenaus Dichtung absieht, wenig oder gar kein Interesse für uns. Aber die Faustdichtungen von Maler Müllers Fragmenten bis 1832 sind einer gemeinsamen Betrachtung wohl wert, weil sie alle mehr oder weniger unter dem Einfluss einer grossen Epoche, der Sturm- und Drangperiode stehen. Wenn auch die einzelnen Dichtungen keinen sonderlich grossen ästhetischen Wert repräsentieren, so ist es doch von höchstem Interesse, zu beobachten, einen wie mannigfachen Ausdruck die Faustsage in diesen Jahren fand. Wir gewinnen dadurch ein sehr charakteristisches Bild der ganzen Epoche. Doch nicht nur aus der gesamten Zeit heraus kann man das Werk eines Dichters verstehen, es ist auch bei dem unbedeutendsten Schriftsteller unerlässliche Pflicht, sich darüber klar zu werden, welche Stellung das einzelne Werk inmitten seiner andern Schriften und seines ganzen Lebens überhaupt einnimmt. Aus diesem

Grunde war ich bemüht, bei Faustdichtern, die eigentlich noch gar nicht einer historischen Betrachtung unterzogen sind, oder deren Leben, wie es beispielsweise bei dem Dramatiker Grafen Soden und dem Dramaturgen Schink der Fall ist, in gänzlich ungenügender Weise dargestellt ist, durch Hervorhebung der bemerkenswertesten übrigen Werke und Hinzufügung der wichtigsten biographischen Daten das Bild der betreffenden Faustdichtung zu veranschaulichen und zu beleben. Andererseits musste ich mir selbstverständlich gerade hierin eine gewisse Beschränkung auferlegen, da sonst meine Arbeit in unzusammenhängende Monographien auseinanderzufallen drohte. Endlich möchte ich noch bemerken, dass ich das vierte Kapitel darum so kurz gefasst habe, weil ich nicht wiederholen wollte, was schon oft von verschiedensten Seiten zur Genüge dargestellt ist.

Während meiner Arbeit waren so gütig mich durch einzelne Mitteilungen zu unterstützen die Herren Geheimrat Frhr. v. Soden, königl. württemberg. Gesandter und bevollmächtigt. Minister am bayrischen Hofe Exc., Graf Julius v. Soden auf Neustedles, sowie die Professoren Dr. Michael Bernays in Karlsruhe, Dr. Franz Muncker in München und Dr. E. Kraus in Prag.

Zu ganz besonderem Danke bin ich den Herren Beamten der königl. Hof- und Staatsbibliothek und der königl. Universitätsbibliothek in München verpflichtet, die mir stets auf das liebenswürdigste entgegengekommen sind.

Inhalt.

———

Einleitung.

Das allegorische Drama Paul Weidmanns und die Faustdichtungen der Stürmer und Dränger.

Man hat die Sturm- und Drangperiode stets mit der Zeit der Reformation verglichen. Noch näher läge ein Vergleich mit der italienischen Renaissance. Man könnte sie ein schwaches Abbild, mitunter sogar eine Karikatur dieser grossen Epoche nennen. Der schrankenlose Kultus des Individuums, die Vergötterung des Genies ist das bedeutendste Moment der Renaissance. Wollten die Stürmer und Dränger nicht gewaltsam eine ähnliche Epoche in Deutschland herbeiführen? Jede Regel, alles Schablonenhafte, Dogmatische wurde in den Abgrund verdammt und das Genie, für das keine Regeln gelten, verherrlicht. Der „Magus des Norden" Johann Georg Hamann[1]) hatte ausgerufen: „Was ersetzt bei Homer die Unwissenheit der Kunstregeln, die ein Aristoteles nach ihm erdacht und was bei einem Shakespeare die Unwissenheit oder Uebertretung jener kritischen Gesetze? Das Genie ist die einmütige Antwort." Für die bildende Kunst suchte Heinse[2]) die Befreiung von jeder engen, pedantischen Regel. Es gibt keinen bestimmten Schönheitstypus, die Bestimmung der Form ist

---

[1]) „Sokratische Denkwürdigkeiten für die lange Weile des Publikums, zusammengetragen von einem Liebhaber der langen Weile." Amsterdam 1759 Vgl. J. G. Hamanns Schriften und Briefe hrsg. von Moriz Petri. Hannover 1872 Bd. I S. 363.

[2]) „Ardinghello und die glückseligen Inseln". Lemgo 1787 Bd. I. S. 16.

Sache des Individuums! — lautet die grosse Offenbarung, die
er aus dem Studium der Italiener schöpfte. Das Schlagwort
der ganzen Periode wurde der Wahlspruch ihres Apostels
Christoph Kaufmann: „Man kann, was man will. Und man
will, was man kann." Als Lenz in seinem „Waldbruder" [1]),
den Heros und Abgott jener Zeit citierend, seinen Herz
schreiben lässt: „Beständig quält mich das, was Rousseau an
einem Ort sagt, der Mensch soll nicht verlangen, was nicht
in seinen Kräften steht,' fügt er entsetzt hinzu: „O Rousseau!
Rousseau! Wie konntest du das schreiben!"

Diese Bejahung des eigenen Ichs hatte in der italienischen Renaissance zu den letzten Konsequenzen d. h. den
scheusslichsten Verbrechen geführt, und es lässt sich nicht
leugnen, dass auch die Stürmer und Dränger entschiedene
Sympathien für grosse Verbrechen hegten.

Es war natürlich, dass jetzt jene alte Volkssage vom
Doktor Faust, deren Wurzeln bis in die Renaissance zurückgehen, neu auflebte. Der Held dieser Sage hatte, auf seine
eigene Individualität pochend, in stolzem Hochmut und Vermessenheit [2]), „wie den Riesen war, darvon die Poeten dichten
dass sie die Berge zusammentragen, vnd wider Gott kriegen
wolten," sich über die ganze tote und lebende Natur erheben
wollen! Das war so recht eine Idealgestalt der Stürmer und
Dränger und wir können es wohl begreifen, dass er plötzlich
von allen Dichtern jener Zeit besungen wurde.

---

[1]) Vgl. Kürschners Nationalliteratur Bd. LXXX S. 179.
[2]) Vgl. Kap. V des ältesten Spiess'schen Volksbuchs von 1587,
abgedruckt in Nr. 7—8 von Braunes Neudrucken. Auch ich möchte
mich der Ansicht anschliessen, dass der augenscheinlich beschränkte
Verfasser sowohl diese Stelle, wie die von den „Adlerflügeln" und die
Helenaepisode gedankenlos aus einem älteren, uns unbekannten Werke
abschrieb. Wenn auch Wilhelm Meyer („Nürnberger Faustgeschichten",
in Abhandl. der k. bayer. Akademie der Wiss. Cl. I Bd. XX Abt. II)
sehr interessante neue Aufschlüsse über das älteste Faustbuch bringt,
so scheint er doch seinen Verfasser erheblich zu überschätzen, wenn
er ihn als einen „lebhaften, angeregten Kopf" erklärt, der die Faustsage ganz selbständig neu gestaltet habe.

In dem berühmten XVII. Literaturbrief war durch Lessing von neuem die Aufmerksamkeit auf diesen Stoff gelenkt, und sofort erfuhr er eine ganze Reihe von Bearbeitungen.

Doch gerade die Helden der Genieperiode Maler Müller[1]) und Klinger[2]) verstanden es nicht, in Faust das ins Schrankenlose strebende Genie zu schildern. Sie zeigten ihn in kleinbürgerliche Verhältnisse eingeengt, und unvorsichtige Bürgschaften, Geldmangel treiben in ihren Dichtungen Faust zum Bündnis mit dem Teufel.

Vor Goethe war es nur einem Dichter beschieden, echten Titanismus[3]) in Faust zum Ausdruck zu bringen, und das war Chr. Marlowe, den das XVIII. Jahrhundert nicht kannte.

Das Faustdrama, an das Maler Müller und Klinger bei der Behandlung der Faustsage zunächst anknüpften, war auch kein Volksschauspiel, sondern das 1775 in Prag und München erschienene „allegorische Drama" Johann Faust. Schon de Luca[4]) führt diesen Faust unter den Werken Paul Weidmanns (geb. zu Wien 1746, gest. ebendaselbst als Offizial der Kabinetskanzlei 1810) auf, den Goedeke[5]) mit Recht „einen der oberflächlichsten Vielschreiber" nennt. So unkünstlerisch auch dieses Werk war, war es doch reich an originellen Motiven und gewann dadurch entscheidenden Einfluss auf eine ganze Reihe von späteren Dichtungen. Aus diesem Grunde müssen auch wir es hier etwas eingehender betrachten. Wie in seinem ledernen, nach Gottschedschen Rezepten fabrizierten Dramen, hat Weidmann auch im Faust streng die drei Einheiten gewahrt. Das Stück beginnt daher am Morgen des letzten

---

[1]) „Faust's Leben, dramatisirt von Mahler Müller". Mannheim 1778. Ich citiere nach dem von Seuffert in Nr. 3 der Dtsch. Literaturdenkmale hrsg. Neudruck.

[2]) „Faust's Leben, Thaten und Höllenfahrt in fünf Büchern" St. Petersburg bei Kriele 1791. Ich citiere nach dieser ältesten Originalausgabe.

[3]) Vgl. Erich Schmidt im Goethe-Jahrbuch III 1882.

[4]) „Das gelehrte Oestreich" Wien 1778 I, S. 243.

[5]) Grundriss. Aufl. II. Bd. V. S. 313.

1*

Tages[1]), der Faust vertragsmässig übrig bleibt. Faust, der selbst ausruft (I₈)[2]): „Ich habe alle Laster durchgeschwelgt. Von Schandthat zu Schandthat bin ich getaumelt" beginnt Reue zu empfinden. Sein guter Genius Ithuriel, in Gestalt seines Vertrauten, ist bemüht, ihn zu bekehren und so zu retten, während Mephistopheles diese Gewissensbisse durch allerlei Zerstreuungen zu zerstören sucht. Ithuriel führt Fausts Eltern herbei, die den Sohn beschwören, ihnen wieder in die Armut zu folgen. Schon haben sie ihn überredet, da erscheint seine Geliebte Helena — bei Weidmann ein durchaus irdisches Wesen — und will ihren Sohn Eduard vor den Augen des Vaters töten, falls dieser sie verlassen sollte. Faust wendet sich von seinen Eltern ab, und durch ein grosses Ballet sucht Mephisto ihn völlig zu betäuben. Plötzlich inmitten des rauschenden Festes schreibt ein Schatten mit goldenen Buchstaben an die Wand: „Faust, es wird Abend". Noch einmal ist Ithuriel bemüht, Faust zu retten. Es folgen wieder dieselben Auseinandersetzungen mit den Eltern und Helena. Mephisto, dem Fausts Seele nicht genügt, will auch Helena ins Verderben ziehen. Er verspricht ihr, sie mit ihrem Geliebten und ihrem Sohne zu retten, wenn sie den alten Faust ermordet. Zugleich benutzt er Fausts seelische Aufregung, um ihn zum Selbstmord zu treiben, und reicht ihm den Giftbecher, den Faust in Angst und Verzweiflung leert. Helena, die die blutige That vollbracht hat, stösst sich verzweifelt den Dolch in die Brust, da sie sieht, dass sie den Mord ver-

---

[1]) Ueber eine 1776 in Wien aufgeführte Pantomime „Dernier jour du Docteur Jean Faust" vgl. Creizenach, „Versuch einer Geschichte des Volksschauspiels vom Doktor Faust", Halle 1878. S. 14.

[2]) Ein Originaldruck stand mir nicht zur Verfügung, daher musste ich den von Karl Engel, Oldenburg 1877 hrsg. Neudruck benutzen, den Engel in dem seltsamen Wahn veranstaltete, Lessing sei der Verfasser dieses anonym erschienenen Dramas. Von den zahlreichen Widerlegungen dieser Hypothese ist am drastischsten der Aufsatz Kuno Fischers in Nord und Süd 1877. Bd. I (aufgenommen in „Kritische Streifzüge wider die Unkritik". Heidelberg 1896).

geblich verübt hat. Der sterbende Vater[1] schleppt sich auf
die Bühne, betet für Faust und Helena und verzeiht ihnen.
Alle rufen jetzt Gottes Gnade an und sterben dann. Auch
Fausts Mutter stirbt, obgleich man nicht einsieht, wodurch
ihr Tod herbeigeführt wird. „Die Posaune röchelt", Mephisto
will mit den Furien triumphieren. Da erscheint Ithuriel und
verkündet: „Gott hat die Sünder gerichtet. Die Wage der Gerechtigkeit hat sie zu leicht gefunden, aber die unendliche
Barmherzigkeit hat ihre Laster weit überwogen! — Frevler
zittert und betet an seine gerechten Urtheile! — Er nimmt
die Reuigen in seinen väterlichen Schoss auf und stürzt Euch
verfluchte Verführer in eine ewige Hölle."

Dieser Schluss ist wohl bemerkenswert, weil hier zum
erstenmal in der ganzen Faustliteratur Faust nicht verdammt,
sondern gerettet wird; von Weidmann wurde er wohl einzig
und allein um des opernhaften Effektes willen gewählt.
Abgesehen von der nicht ungeschickten Exposition ist das
ganze Stück ein recht klägliches Machwerk, und wenn trotzdem viele Dichter daran anknüpften, so ist das nur ein neuer
Beweis dafür, dass auch das scheinbar Unbedeutendste weit-
gehende Anregungen zu geben vermag.

Als bühnenfähig erwies sich dieser Faust nicht, doch sind
uns einzelne Aufführungen in Ulm,[2] Nördlingen[3] und
München bekannt. Ueber die Münchener Aufführungen berichtet Grandaur[4]: „Johann Faust erschien 1775 in Prag und
noch im nämlichen Jahr in München. Dieser Faust wurde

---

[1] Hiezu führt Creizenach (a. a. O. S. 173) als Parallele eine auf
einem Theaterzettel im Oktober 1767 zu Frankfurt a. M. vom Theaterdirektor Josef v. Kurz angekündigte Kirchhofszene an: „Faust will
die Gebeine seines verstorbenen Vaters aus der Erde graben und zu
seiner Zauberey missbrauchen". Die Aehnlichkeit ist doch zu gering,
um eine direkte Beziehung zu verraten.

[2] Vgl. Werner im Anz. für deutsch. Altertum III S. 281.

[3] Vgl. Georg Joseph Pfeiffer, Klingers Faust. Würzburg 1890
S. 93.

[4] Chronik des k. Hof- und Nationaltheaters zu München. München
1878. S. 10.

am 31. Mai 1766 gegeben, aber bald darauf verboten." Die Jahreszahl beruht wohl auf einem Druckfehler, aber auch die Angabe des 31. Mai ist ungenau. Wir können aus Nr. 45 des kurbayerischen Intelligenzblattes Jahrgang 1776 ersehen, dass „Johann Faust, ein allegorisches Drama" am 16. Mai 1776 gegeben und am folgenden Tage wiederholt wurde.

Da also das allegorische Drama auf süddeutschen Bühnen gegeben wurde, liegt nicht der geringste Grund vor. mit Seuffert[1]) anzunehmen, Weidmann und Maler Müller hätten aus derselben Quelle eines unbekannten Puppenspiels geschöpft. Nein! Müller hat sicherlich den Weidmannschen Faust selbst gekannt. Engel[2]) führt sogar einen meines Wissens verschollenen Druck „Johann Faust. Ein allegorisches Drama, Mannheim 1776. 8⁰." an, der doch vermutlich ein Nachdruck des Weidmannschen Stückes ist. Was ist natürlicher, als dass Müller, der damals in Mannheim lebte, durch diesen Druck das Drama kennen lernte, wenn er nicht schon früher davon gehört hatte? Die in demselben Jahr an demselben Ort erschienene „Situation aus Fausts Leben" lässt freilich nicht im geringsten auf eine Kenntnis des Weidmannschen Stückes schliessen, aber in dem zwei Jahre später veröffentlichten „Fausts Leben" ist die Einführung von Fausts Eltern[3]) offenbar auf jenen zurückzuführen. Auch in den späteren uns noch von Müller erhaltenen Entwürfen zur Vollendung seines Dramas erinnert wieder manches an das alle-

---

[1]) Bernhard Seuffert, Maler Müller. Berlin 1877. S. 180. In der Einleitung zu Nr. 3 der deutschen Literaturdenkmale gibt dann Seuffert selbst die Möglichkeit einer Anregung durch Weidmann zu.

[2]) Karl Engel, Zusammenstellung der Faustschriften vom XVI. Jahrh. bis Mitte 1884. II. Aufl. Oldenburg 1885. Nr. 525.

[3]) Bei Weidmann ruft Fausts Vater bei der ersten Begegnung aus: „Du bebst, Du schämst Dich unser?" Bei Müller heisst es an derselben Stelle: „Bube! schämst Dich meiner? schämst Du Dich Deines alten Vaters vielleicht?" Selbstverständlich ist die kraftvolle Charakteristik des Vaters bei Müller sonst gar nicht mit der Weidmannschen Figur zu vergleichen.

gorische Drama, z. B. wenn Mephistos Gehilfe Balack[1]) Fausts
Sohn „nach seines Meisters Mephistopheles Absicht beständig
gegen Faust als den Mörder seiner Mutter" aufhetzen sollte.
Auch zu dem beabsichtigten[2]) Kampf „der Kinder des Lichts
mit denen der Finsternis" mag Müller durch Weidmanns
Schluss angeregt sein.[3])

Auch Klinger behielt in seinem Roman die Figur des
warnenden Vaters[4]) bei. Vor allem aber wurde eine Scene
des Weidmannschen Faust, die dort mehr episodenhaft ein-
geschaltet ist, für seinen Roman wichtig[5]). Als Faust bei
Weidmann II₂ triumphierend Mephistopheles mitteilt: „Wisse,
verruchter Geist, ich habe Deine Macht nur dazu verwandt,
Wohlthaten auszuüben," führt ihm Mephisto eine Reihe von
Personen vor (Silbergeiz, Schönheitlieb, Raubgern, Sorgen-
voll, Waisenplag), denen er wähnt Gutes gethan zu haben.
Mit Entsetzen wird Faust gewahr, welch schlimme Früchte
seine vermeintlichen Wohlthaten getragen haben: Der ban-
kerotte Kaufmann, dem er Millionen geschenkt hat, ist zum
schmutzigen Geizhals, die tugendhafte Frau, der er seltene
Schönheit verlieh, ist zur eitlen Kokette geworden u. s. w.

Als Klingers Faust auf seiner grossen Wanderfahrt überall

---

[1]) Vgl. Müllers Brief an den Grafen Ingenheim, mitgeteilt von
Seuffert a. a. O. S. 609.

[2]) Vgl. Müllers Brief an Therese Huber, mitgeteilt von Seuffert
a. a. O. S. 613.

[3]) Seuffert (a. a. O. S. 200) nimmt hier eine Entlehnung von
Lessing an.

[4]) Wie diese Figur dann auch ins Puppenspiel überging, führt
Creizenach (a. a. O. S. 174) aus. Auch er erwähnt dann S. 175 die
Möglichkeit, dass Müller und Weidmann aus einer älteren gemeinsamen
Quelle geschöpft haben könnten, kann aber nicht den geringsten Beweis hiefür beibringen. — Hier wäre auch zu erwähnen, dass der Verfasser des sogenannten Tiroler Faust, über den Zingerle 1877 berichtet
hat, vermutlich aus Weidmann das Motiv, Faust durch Selbstmord enden
zu lassen, entlehnt hat.

[5]) Ueber die sonstigen Aehnlichkeiten zwischen Weidmann und
Klinger vergl. die sorgfältigen und erschöpfenden Untersuchungen
Pfeiffers.

den Gerechten unterliegen und den Schurken siegen sieht,
fasst er einen grossen Entschluss (S. 199): „Der Gedanke
fuhr durch seine Seele: die Menschheit an ihren Unterdrückern
zu rächen. Ein stolzes Gefühl durchglühte seinen Busen,
die Macht des Teufels, dem er sich auf Gefahr seines Selbst
ergeben, zu nutzen, um Gerechtigkeit an den Heuchlern und
Bösewichtern auszuüben." Vergebens warnt ihn erst der
Teufel davor, „der Rache des Rächers vorzugreifen". In
frevelhafter Ueberhebung will Faust die Vorsehung des All-
mächtigen verbessern. Aber am Ende seines Lebens entrollt
ihm der Teufel in schrecklichen Bildern das Unheil, welches
er mit seiner vermeintlichen Weisheit und Gerechtigkeit her-
aufbeschworen hat, und schliesst mit den Worten: „Fasse
nun die Folgen deines Wahnsinns zusammen, durchlaufe sie
und sinke vor der scheusslichen Vorstelluug hin." (S. 390.)

Noch näher auf die Faustdichtungen Müllers und Klingers
einzugehen, würde zu weit führen und wäre auch zwecklos,
da sie durch die ausgezeichneten Arbeiten von Seuffert und
Pfeiffer erschöpfend behandelt sind. Es kam hier nur darauf
an, am Eingange dieser Untersuchung das Verhältnis[1]), in dem
diese Dichtungen zu Weidmann stehen, noch einmal genau festzustellen, damit wir bei den späteren Faustdramen sofort erkennen, in wie weit dieselben direkt auf die Stürmer und
Dränger oder noch weiter auf Weidmann zurückgehen.

---

[1]) Sehr charakteristisch für die grosse Anzahl der Motive, die
Müller und besonders Klinger aus Weidmann schöpften, scheint es mir,
dass Boxberger in einer Besprechung der Engelschen Publikation,
ohne zu wissen, dass das Drama von Weidmann verfasst ist, über den
unbekannten Dichter mutmasst: „Unter die Stürmer und Dränger gehört er jedenfalls." (Archiv für Litteraturgeschichte 1877. Bd. VII.
S. 146.)

I.

Faustdichter, welche unmittelbar an die Stürmer und Drünger anknüpfen.

Graf Soden. A. v. Chamisso. C. C. L. Schöne.
A. Klingemann. Braun v. Braunthal.

———— -

Selten wurden in einer Zeit von jeder literarischen Strömung so breite Schichten der Bevölkerung nachhaltig ergriffen, wie im XVIII. Jahrhundert. Das zeigt sich namentlich beim Drama. Nur wenige Gebildete gab es, die sich nicht in ihrem innersten Herzen für Schauspieler und Dichter hielten, aber ohne Uebertreibung fast niemand, der nicht geglaubt hätte, zu den berufensten Kritikern zu zählen. Wie Pilze aus der Erde schossen damals die dramaturgischen Zeitschriften hervor. Seit dem Jahre 1767, in welchem am 1. Mai das erste Stück der hamburgischen Dramaturgie erschienen war, bis zum Ende des Jahrhunderts kamen über 120[1]) Zeitschriften rein dramaturgischen Inhalts heraus. Wenn man bedenkt, dass dies nur die periodisch erscheinenden Journale sind, und ausserdem die unzähligen dramaturgischen Artikel in anderen Zeitungen, die zahlreichen Theateralmanache und die einzelnen zusammenhängend erschienenen dramaturgischen Werke in Betracht

---

[1]) Diese Zahl habe ich einem von mir selbst zusammengestellten Verzeichnis der betreffenden Zeitschriften entnommen, für dessen Vollständigkeit ich allerdings nicht einstehen kann.

zieht, so ist die soeben genannte Zahl in der That erstaunlich hoch.[1])

Berechtigt erscheint da die Klage eines Zeitgenossen[2]), dem freilich die nötige Selbstkritik fehlt, dass das Fach der Dramaturgie „das Steckenpferd jedes Halbgelehrten unserer Tage ist, das unsere Schöngeister so weidlich herumtummeln — wo jeder für seinen halben Gulden Eintrittsgeld die Erlaubnis erkauft zu haben glaubt, sein Urteil über Dichter, Schauspieler, Intendanten u. s. w. zu fällen.“[3])

Aehnlich gross wie die der Dramaturgen war die Zahl der dichtenden Dilettanten.[4]) Angehörige aller Stände und Berufsklassen produzierten eine Unmenge zum grössten Teil herzlich unbedeutender Dramen. Die Abwechslung der be-

---

[1]) Lenz hatte in seinem „Pandaemonium germanicum“ I. auch dieses Heer von Dramaturgen verspottet, indem er eine Gruppe von einfältigen Journalisten vorführt, die beratschlagen, wie sie die lange Weile vertreiben, zugleich berühmt werden und obendrein Gold verdienen können.

„Vierter: ... Ich will eine Theaterzeitung schreiben.
Fünfter: Ich eine Theaterchronik.
Sechster: Ich einen Theateralmanach.
Siebenter: Ich einen Geist des Theaters.
Achter: Ich einen Geist des Geistes. Das geneigte Publikum wird doch gescheit sein und pränumerieren?“

[2]) „Dramatischer Briefwechsel das Münchner Theater betreffend“. München 1797. I. S. 6. Der Verfasser, der unter dem Pseudonym Jakob Klaubauf schreibt, ist der Kustos der Münchener Bibliothek F. L. Reischel (Vgl. Grandaur u. a. O. S. 17).

[3]) Welche Arroganz diese kleinen Kritikaster, wie sie Lessing nannte, oft besassen, zeigt, um nur ein Beispiel anzuführen, eine Stelle des dramatischen Censors, den Prof. Strobel in München 1782—1783 herausgab. Hier redet der Verfasser das Vaterland mit den Worten an (I. S. 32): „Sey nicht unbillig gegen die Bemühungen deiner Dramaturgen, die aus eigenen Goldgruben Schätze sammeln, belohne sie, ermuntere sie, nimm sie in Schutz. Sie sind deine Volkskatecheten, deine Reformatoren, deine Tonangeber, und, wenn du willst, die Schöpfer deiner Helden — in jeder Rücksicht deiner ganzen Achtung würdig.“

[4]) Sehr treffend zeichnet Wieland das Treiben dieser unbedeutenden Dramatiker in der „Geschichte der Abderiten“. (Buch III. Kap. II.)

handelten Stoffe war nicht sonderlich gross, man wählte immer
wieder dieselben besonders beliebten Motive. Ich erinnere
hier an die Flut von Ritterdramen und Soldatenstücken oder
an die einzelnen Stoffe wie Medea, Anna Boleyn, Inez de
Castro u. s. w. (So folgte auch den Stürmern und Drängern
in der Bearbeitung der Faustsage — und das war, wie wir
schon bemerkten, ganz besonders charakteristisch für jene Zeit —
eine ganze Reihe von Schriftstellern.

In der grossen Zahl der späteren Faustdichter jener Zeit,
in welcher der Dilettantismus zum Teil sehr unerfreuliche
Blüten trieb, ist eine der sympathischsten Erscheinungen der
Freiherr v. Soden (geb. 4. Dez. 1754 zu Ansbach, 1790
zum Reichsgrafen ernannt, 1792—96 preussischer Minister und
Gesandter beim fränkischen Kreise, gestorben 13. Juli 1831).
Ihm war es ernst mit dem Interesse für die Kunst, und er
hat — man darf ihm diese Anerkennung nicht versagen —
sie auch wirklich gefördert, indem er in den Zeiten schwer-
ster Not das Interesse für die Schaubühne aufrecht zu halten
suchte. Unter Aufwand von Mitteln, welche „die Kräfte
eines Privatmanns zu übersteigen drohten,“ [1]) hatte er allein
um des idealen Zwecks willen zwei Theater in Bamberg und
Würzburg [2]) gegründet und musste dabei oft scharfen, un-
gerechten Tadel erleiden. [3]) Ein weiteres bleibendes Ver-
dienst war es, dass er einem der genialsten Dichter Deutsch-
lands, der damals in äusserster Bedrängnis war, die rettende
Hand bot und E. T. A. Hoffmann als Kapellmeister nach
Bamberg berief.

Es ist erstaunlich, wie Soden neben seiner bedeutenden
Thätigkeit als Staatsmann und als nationalökonomischer Schrift-

---

[1]) (Leist.) „Ein Beitrag zur Geschichte des Theaters in Bamberg“.
Bamberg 1862.

[2]) J. G. Wenzel Dennerlein, „Geschichte des Würzburger Theaters“.
Würzburg 1853.

[3]) Vgl. Zeitung für die elegante Welt. Leipzig 1806. Nr. 144. Etwas günstiger ist die Beurteilung in Nr. 32 (20. April 1807) der von
Dr. Kilian in Bamberg herausgegebenen Georgia.

steller, endlich neben grossen juristischen Arbeiten noch die
Zeit fand, zahlreiche dramaturgische Artikel zu schreiben [1])
und vor allem eine Menge von Schauspielen zu verfassen.
Auf dem Gebiete des Dramas muss ihm eine wirkliche Bedeutung abgesprochen werden, wenn er sich auch weit über
die Durchschnittsdichter erhebt, und namentlich seine „Inez
de Castro" ganz vortreffliche Scenen enthält. Seine Dramen
sind meistens der Ausdruck einer gewissen positiven Kritik.
Sobald er mit der Bearbeitung eines Stoffes, der ihn interessierte, unzufrieden war, begnügte er sich nicht etwa damit,
die Mängel der fremden Dichtung hervorzuheben, sondern er
versuchte sofort, es selbst besser zu machen und seinerseits
nun diesen Stoff zu behandeln. Er schrieb ein fünfaktiges
Schauspiel „der rasende Roland" (Berlin 1791), indem er bemerkte, Ariost hätte „die Situationen, deren dies Süjet an sich
fähig ist, nicht benutzt, wie er konnte und sollte." „Die
Ergiessung seines Schmerzes enthält statt Wahrheit, Natur
und Affekt, tändelnde Antithesen und die Ausbrüche seiner
Raserei sind Kinderstreiche und Narrheiten."

Er verfasste ein Trauerspiel „Kleopatra" [2]) und deutete
in der Einleitung an, dass er einen Vergleich mit Shakespeare
gar nicht zu scheuen brauche. Unzufrieden mit Lessings
„Emilia Galotti", „weil die Fabel durch die Modernisierung
aufgehört hätte, tragisch zu sein," behandelte er im strengen
Anschluss an Livius den Stoff in seiner „Virginia" (Berlin 1805).
Er verfasste eine Fortsetzung von Kotzebues „Menschenhass
und Reue" (Osnabrück 1801). Sein „Pizarro" entstand zwei-

---

[1]) Er gab selbst ein eigenes Journal „Thalia und Melpomene"
heraus, von dem wohl nur 2 Hefte Chemnitz 1797 erschienen sind.
Hier sind auch, wie Engel (Faustbibliothek a. a. O. N. 532) berichtet,
einzelne Scenen seines Faust zuerst veröffentlicht.

[2]) Schauspiele Berlin 1787—91. Bd. I. Vgl. dazu R. Genée „Ge-
schichte der Shakespeareschen Dramen in Deutschland" Leipzig 1870,
S. 287. Ebenso verfasste er ein dramatisches Gedicht „Romio und
Juliette" mit glücklichem Ausgang nach della Cortes Geschichte von
Verona. (I. Aufl. Leipzig und Camburg 1803, II. Aufl. Naumburg 1809.)
Goedeke führt dieses Stück nicht an. Vgl. Genée a. a. O. S. 300.

fellos unter dem Einfluss „Wallensteins“, und zahlreiche andere
Beziehungen zu den verschiedensten Schriftstellern liessen
sich weiterhin feststellen. Doch mögen diese Beispiele ge-
nügen, um zu zeigen, wie Soden sich den mannigfachsten
literarischen Richtungen anzuschliessen suchte. Nur der Sturm-
und Drangperiode blieb er ziemlich fern, was zum Teil seinen
Grund darin haben mag, dass er gerade in jener Zeit 1774
bis 1796 im Staatsdienst stand. Eine persönliche Beziehung
zwischen ihm und einem der Stürmer und Dränger hat kaum
bestanden, denn unter den sorgfältig gesammelten, an ihn
gerichteten Briefen[1]) findet sich keiner von den Helden jener
Periode, und aus den mir bekannten Dramen jener Zeit ist
auch keine solche Beeinflussung ersichtlich. Höchstens könnte
man in dem Trauerspiel „Die Braut“[2]) eine Abhängigkeit von
Leisewitz’ „Julius von Tarent“ vermuten, die sich aber schwer
nachweisen liesse. Ein Problem der ganzen Periode behandelte zwar Soden in seinem „Grafen von Gleichen“[3]); doch
ist gerade dieses Stück vom Geiste der Stürmer und Dränger
ganz unbeeinflusst geblieben und verrät eine Bekanntschaft mit
der ersten 1776 erschienenen Fassung von Goethes Stella gar
nicht. Nur den versöhnenden Ausgang hat es mit dieser
gemein.

Trotzdem veranlasste ihn die seltsame Vorliebe, in literarischen Dingen stets modern zu bleiben, einen „Doktor Faust“[4])

---

[1]) Herr Graf Julius von Soden, ein Enkel des Dichters, war so
gütig, mir ein Inhaltsverzeichnis dieser Briefe mitzuteilen.

[2]) Schauspiele. Berlin 1787—91 Bd. II.

[3]) „Ernst Graf von Gleichen, der Gatte zweyer Weiber.“ Schauspiel in 5 Aufz. Berlin 1791.

[4]) Als Vorstudie zum Faust ist Sodens Schauspiel „Aurora oder
das Kind der Hölle“ (Chemnitz 1795. Grätz 1796) anzusehen.
A. W. Schlegel schrieb darüber in der Jen. allgem. Lit. Ztg. 1796.
(Bd. III. S. 661): „Die reizende Erzählung von Cazotte, Le diable
amoureux, hat zu diesem Schauspiele unstreitig den Anlass gegeben,
aber jener leichte phantastische Stoff ist durch die hinzugekommene
anmassliche Philosophie fast erdrückt worden. Ungeachtet hier alles
ohne Wunder zugeht, und der Satan sich als eine verliebte Sterbliche

(Volksschauspiel in 5 Akten, Augsburg 1797) zu schreiben,
der durchaus auf den Dichtungen der Stürmer und Dränger
basiert, und den wir hier zuerst betrachten müssen, weil er
am unmittelbarsten an diese anknüpft.

Schon Maler Müller hat in seinem Faust alle Typen, die
damals im bürgerlichen Drama beliebt waren, vorgeführt.
Wir sehen die Studenten, Spieler und Juden — namentlich
letztere sind meisterhaft gezeichnet, — nur die Soldaten
fehlen.

Auch Sodens Faust beginnt mit einigen Studentenscenen,
die freilich an ein ganz anderes Drama der Sturm- und Drangperiode erinnern — an Schillers Räuber. Wir sehen Faust in
einer Umgebung von wüsten, heruntergekommenen Gesellen.
Auch er hat Streiche vollführt, die sich mit Karl Moors
„Stinkereien in Leipzig" wohl messen können: einer Jungfrau hat er die Unschuld geraubt, und das Kind; das aus
dieser Verbindung hervorging, treibt sich als Betteljunge auf
der Strasse herum und erzählt heulend von der kranken
Mutter, die auf dem Stroh liegt. Dem Universitätsrektor,
dessen Weib eine Messaline ist, hat er, weil dieser mit der
Tugend derselben noch öffentlich prahlte, Hirschstangen auf
seine Perücke geheftet. Der Streich ist entdeckt, und Faust
soll demnächst in den Karzer gesteckt werden. Auch droht
ihm der Schuldturm, da er ganz ohne Mittel ist.

In dieser Situation stösst er ganz ähnliche Tiraden, wie
Karl Moor [1]) aus.

---

enthüllt, da dort Beelzebub wieder so rätselhaft davon führt wie er
gekommen: so scheint uns doch in der Erzählung alles natürlicher.
Die Faustisierung des Helden, wodurch nach der Absicht des Vf. das
Ganze erhöht werden sollte, schwächt bloss das romantische Kolorit
und gibt uns Bombast statt haltbarer Begriffe."

[1]) Andere Stellen erinnern wieder an Müller. So hebt schon
Seuffert (vgl. Neudruck a. a. O. S. XIX) hervor, dass die Stelle bei
Soden (S. 12) „Warum gab sie mir Kraft in die Sehnen und Flammen
in die Adern, wenn ich nicht wirken soll?" an Müller (S. 29) anklingt:
„Fühl den Gott in meinen Adern flammen, der unter des Menschen
Muskeln zagt."

„Hier zaussen sich zwey Pedanten die Perücke, ob Cicero tum oder cum geschrieben hat — und das ist Gelehrsamkeit. — Dort klingeln ein paar Narren mir mit ihren Schellen die Ohren taub, und das ist Weisheit." (S. 9).

„Pedanten und Parasiten, Huren und Beutelschneider, da habt ihr die Titel vom Menschenkatalog." (S. 10).

„Ich fühl in mir Durst nach edlen Thaten, ich könnte tugendhaft seyn und edel und gross — und möchte es, aber Gott! für wen? für einen Haufen Narren, Esel und Schurken? — Zeigt mir Einen weisen tugendhaften Mann, und ich will niederknien und ihm nachfolgen. — Aber in dieser Marionettenwelt,[1] wo sichs nicht einmal verlohnt, den Drath zu ziehen. — — Mich ekelt das an." (S. 11).

„Gute Nacht, Breymenschen! Seelen von Pappe!" (S. 12). Das ist die Sprache der Räuber! Und wie dort Spiegelberg den verzweifelten Karl Moor „auf Schandsäulen zum Gipfel des Ruhms" zu locken sucht, naht sich hier Faust der Verführer in Gestalt seines Kommilitonen Brenner. Brenner steht, wie wir schon in der ersten Scene erfahren, seit lange mit dem Teufel im Bunde. Er ist, wie Faust (S. 30) sagt, „zu schwach zur Tugend, zu schwach zum Laster."[2] Eigentlich ist er schon der Hölle verfallen, aber Satan hat ihm „seine Zeit gefristet," um durch ihn weiter Böses zu stiften und vor allem Faust selbst zu verführen.[3] Diesmal wird er durch den hereinstürzenden Vater Fausts

---

[1] Aehnlich ruft Antonio in Sodens „Aurora" (a. a. O. II. Aufl. S. 17): „Ich will hinaus aus der Marionettenbude dieser einförmigen Welt."

[2] Bei Klinger klagt Leviathan (S. 52): „Was ist aus den Kerls zu machen, die weder Kraft zum Guten, noch Bösen haben?" Dazu führt Pfeiffer (a. a. O. S. 83) Parallelstellen aus Müllers Faust und Goethes Götz an.

[3] Wir müssen hier unwillkürlich an das alte Wagnerbuch denken, in welchem der Teufel, als Wagner nach Fausts Tode einen Vertrag schliessen und ihn ganz schlau auf 30 Jahre ausdehnen will, erwidert, er besässe seine Seele schon jetzt und wolle ihm nur noch 5 Jahre Frist geben, damit er noch andere in dieser Zeit verführen könne.

gehindert. Wie bei Müller (S. 52) der Vater klagt, er habe aus Briefen erfahren, dass sein Sohn sich der Schwarzkunst zugewandt habe, so erzählt er auch hier (S. 15), dass er mit Briefen gequält wird, die ihm das liederliche Leben seines Sohnes schildern, und wie er dort (S. 52) von den Leiden seiner Frau spricht, so berichtet er auch hier (S. 14): „Der Schmerz riss deine schwache Mutter ans Grab." [1])

Wie bei Weidmann (S. 44) ermahnt der Vater den Sohn, ihm wieder in seine einfache Hütte zu folgen. Da erscheint der Gerichtsdiener und lässt Faust in den Schuldturm abführen. Im Gefängnis bringt Brenner dem Verzweifelnden ein Buch, das „die Geheimnisse der Geisterwelt enthält".

Begierig fängt Faust an das Buch zu lesen. Er fühlt sich von einer neuen Kraft wunderbar gestärkt. Wonnetrunken schwelgt er im Vorgefühl der ungeheuren Macht, die ihm hier verheissen wird, und will die Beschwörung sogleich beginnen, doch plötzlich erscheint Ithuriel, ihn zu warnen.

Ithuriel, die Personifikation des Gewissens, ist offenbar von Weidmann entlehnt. Nur erscheint er hier nicht wie dort in irdischer Gestalt, sondern als „lieblicher Genius, in weissem fliegenden Gewand. Ein Sternenkranz um sein Haupt." [2])

Wie bei Weidmann Ithuriel wiederholt Faust durch seine Eltern zur Tugend zurückzuführen sucht, zaubert er auch hier ein Bild hervor, auf dem Faust seine Familie in äusser-

---

[1]) Wenn bei Soden (S. 15) der Vater ausruft: „Dass ich den närrischen Grillen deiner Mutter nachgab! — Aus dem Schoosskinde sollt und musst ein Doktor werden! Hanss! warum liess ich Dich von mir?" so erinnert das an eine Stelle bei Weidmann (S. 35), in welcher der alte Faust seiner Frau vorwirft: „Siehst Du, Mutter, so geht es, wenn die Aeltern zu grosse Aussichten mit ihren Kindern haben. Wär' er beim Pfluge geblieben, so wär' er jetzt vielleicht ein ehrlicher Bauer und sässe mit Tugend in seiner Schaubhütte: aber Ihr Weiber wollt Eure Kinder gross sehen. Ich that mein Möglichstes, ich schickte ihn auf die hohe Schule, da ist unser Lohn!"

[2]) So wird er S. 3 im Personenverzeichnis aufgeführt.

ster Verzweiflung und Not erblickt. Gerührt sinkt er nieder und ruft: „Engel des Himmels, ich bin überwunden" (S. 24). Damit schliesst der I. Akt.

Der II. Akt beginnt genau wie bei Weidmann damit, dass Ithuriel und Mephisto zusammentreffen und sich gegenseitig mit spitzen Reden verhöhnen. Dann erwacht Faust im Gefängnis aus tiefem Schlummer. Er grübelt verzweifelt darüber nach, welche Stellung der Mensch im Weltall und in der Ewigkeit einnimmt. Wieder erscheint Brenner und sucht ihn von neuem zu verlocken: „Sprich ein Wort, und du bist allmächtig wie ein Gott" (S. 31). Zum zweitenmal bleibt Faust mit dem geheimnisvollen Buche allein. Diesmal vollführt er die Beschwörung.

Die Stimme eines unsichtbaren Geistes fragt ihn nach seinem Begehren, und als er erwidert: „Bürgerschaft der Geisterwelt," rät sie ihm Selbstmord, denn Geist und Fleisch seien die zwei Enden der Natur. Aber Faust will das scheinbar Unmögliche und erwidert: „Und doch gebieth ich dir! Hervor mit deinen Geistern! mit den Bürgern der Unterwelt!" (S. 33). Es erscheinen nun 7 Geister, die Faust erst nach ihrer Kühnheit, dann ihren Kenntnissen und endlich nach ihrer Schnelligkeit fragt.

Seitdem im Faustbuch von 1589[1] in den sogenannten Erfurter Zusätzen Faust 3 Teufel citiert hatte und den dritten von ihnen, der so schnell war, wie der Gedanke des Menschen, zu seinem Dienst erwählte, war diese Scene im Volksschauspiel besonders beliebt geworden. Einen gewissen Höhepunkt literarischer Berühmtheit erlangte sie durch Lessings Bearbeitung, die im XVII. Literaturbrief veröffentlicht war. Bei Lessing erscheinen 7 Teufel, die alle ihre Geschwindigkeit angeben müssen. Den Preis erhält der Teufel, der so schnell ist, wie der Uebergang vom Guten zum Bösen. Bei Soden nennen nur 4 Teufel ihre Geschwindigkeit. Der erste

---

[1] Vergl. den Nachtrag zu No. 7 und 8 von Braunes Neudrucken.

ist wie der „flammende Bliz", der zweite wie der „Zorn des
Rächers", der dritte wie der „Uebergang vom Guten zum
Bösen". Ihm erwidert Faust: „Du täuschst dich. Man fliegt
nicht mit wunden Füssen. Jeden Schritt bezeichnet Blut des
„Wanderers." (S. 35). Darauf erhält der siebente Geist, der
so schnell ist, „wie der Uebergang vom ersten Schritt zum
zweiten", den Preis. Soden fügt in einer Anmerkung zur
Antwort des dritten Geistes hinzu: „So lässt Lessing in der
bekannten einzig noch vorhandenen Scene seines Fausts den
Geist antworten. Verdient meine Idee neben der seinigen
zu stehen? das entscheide der Menschenkenner."

Schon Lessings Scene mutet uns wenig sympathisch an,
weil sie zu verstandesgemäss ausgeklügelt ist. Dass Soden
gerade in dieser Hinsicht noch Lessing zu überbieten suchte,
ist wenig geschmackvoll.

Doch zurück zu Faust! Nach der Scene mit den 7 Geistern
erscheint ein neuer Teufel, der sich Mephistophiles nennt. In
der Hölle nennt man ihn „Skorpion der Reue". Er verspricht
Faust Unsterblichkeit, Bürgerrecht der Geister, Hoheit und
Macht. Nach kurzem Zaudern unterschreibt Faust den Vertrag mit seinem Blut, indem er darüber spottet, dass es auch
in der Hölle Pedanterie und Ceremoniell gibt. Er will „von
Planeten zu Planeten fliegen, ergründen die Tiefen der Schöpfung, trocknen allenthalben die Thränen der Unschuld, und
niederstürzen die Idole der Tyranney und des Lasters!" (S. 39).
Während der Unterzeichnung des Vertrages spricht er leise
zu sich selbst: „Wahrheit und Tugend, mein Herz schwöhrt
auch euch!" Zu spät ertönt Ithuriels Warnungsstimme, schon
steigt Faust auf Mephistos Zaubermantel in die Lüfte.

Zu Beginn des III. Akts kehrt Faust mit Mephisto von
seiner ersten Reise durch das Weltall zurück. Er hat mehr
gesehen, als gewöhnliche Sterbliche, aber das Warum und
Wozu in der Weltordnung vermag er nicht zu fassen. So ist
er unglücklicher als zuvor, da seine Illusionen zerstört sind
und ihm doch kein Ersatz dafür geboten ist. Wehklagend

vergleicht er sich selbst mit Phaeton, der von seiner kühnen
Fahrt herabgestürzt wurde. Diese Stimmung sucht Mephisto
zu zerstreuen, indem er Faust zu seiner Liese führt.

Bei Weidmann sahen wir Faust mit einer Geliebten und
einem Sohne, bei Klinger mit Weib und Kindern, hier ist er
verlobt mit Liese, einem armen Bauernmädchen. Liese erzählt, wie sie von den Leuten gehört habe, ihr Bräutigam
sei ein Hexenmeister und besitze viel Gold. Da er aber nicht
gekommen, hätte sie schon fast den hübschen Michel des
Schulzen genommen. Faust sagt, dass er wirklich Gold besitze, da stürzt sie voller Freude ab, um die Gespielinnen
durch die Nachricht zu ärgern, dass sie jetzt eine goldene
Haube tragen könne. „Gold hab ich, aber keine Thränen
mehr!“ seufzt Faust (S. 45). Diese Scene erinnert an Klinger
(S. 125). Dort bringt Faust seiner Familie, die in äusserster
Armut schmachtet, reiche Schätze mit, und die junge Frau
hat sofort für nichts anderes mehr Sinn, als Gold und Putz.
Faust murrt in seinen Bart: „O Zauber des Golds! Magie der
Eitelkeit![1] ich kann nun wegreisen, ohne dass es andre
Thränen, als Thränen der Verstellung kosten wird.“ Während
aber bei Klinger der Vater, von trüben Ahnungen erfüllt,
fragt, woher das Gold komme, zeigt er bei Soden eine un-
sinnige Freude darüber, so dass sich der eigene Sohn voll
Widerwillen abwendet.

Die Bande zwischen Faust und seinen Verwandten sind
dadurch zerrissen, aber noch glaubt er fest an die übrige
Menschheit; er erinnert sich jetzt an seinen Vorsatz, Thränen
zu trocknen und Unrecht zu vergüten, den er ja ähnlich, wie
bei Weidmann und Klinger, doch hier noch vor dem Bündnis mit dem Teufel gefasst hatte. Nach einer etwas unklaren

---

[1] Pfeiffer (a. a. O. S. 106) hat darauf hingewiesen, dass diese
Stelle bei Klinger an die Worte Gretchens erinnert, die schon im
Fragment von 1790 standen: „Nach Golde drängt, am Golde hängt
doch alles, ach, wir Armen!“

2*

Scene, in der Brenner[1]) als Eremit verkleidet erscheint, erfüllt Faust die Bitten einer Reihe von Hilfe suchenden, un-
glücklichen Personen, ohne die Berechtigung ihrer Bitten zu
prüfen. Er ist glücklich, wirklich Gutes gethan zu haben.
Doch ein „Geist im Priestergewand" erscheint und zeigt ihm
in einem geheimnisvollen Spiegel die fürchterlichen Folgen
seiner vermeintlichen Wohlthaten: „das Hohngelächter der
Verführten, die Thränen entehrter Weiber, die Verzweiflung
gemisshandelter Gatten, die Hölle gestörter häuslicher Glück-
seligkeit, das Geschrey verwaisster Familien!" Dann lässt der
Geist seine Maske fallen. Es ist Ithuriel, der zum letztenmal
die rettende Hand bieten will. Faust sinkt in seine Arme
und damit schliesst der III. Akt.

Der Beginn des IV. Aktes zeigt uns Faust aber wieder
in der Gewalt Mephistos. Nach rastlosen Wanderungen sehnt
sich Faust aus der trostlosen Gegenwart zurück in eine grosse
Vergangenheit und beschwört nach einander die Geister des
Sokrates, Cato und Solon.[2]) Doch auch die Unterredung mit
den Helden des Altertums gewährt ihm keine Beruhigung.
Nur noch eine Aufgabe verbindet ihn mit dem Leben, dem
armen Volke, dessen Saaten zerstört, dessen Hütten verwüstet
sind, zu helfen. So eilt er zum Fürsten des Landes, den er
umgeben von elenden Höflingen findet.[3]) Er sucht ihm die
Augen darüber zu öffnen, von welchen Schurken er umgeben,

---

[1]) S. 57 erwidert dann Mephisto auf die Frage, wo Brenner sei:
„Sein Bund ist aus: Sein Stundenglas abgelaufen!"

[2]) Diese Beschwörung möchte ich nicht auf die Erzählung der
Erfurter Geschichten, Faust habe den Studenten die griechischen
Helden vorgeführt, zurückführen, sondern sie wurzelt wohl in der Vor-
liebe, die Sodens Zeitgenossen für antike Helden und besonders für
Cato besassen.

[3]) Auch Klinger zeigt Faust an einem kleinen Fürstenhofe
(S. 175—190). Dies Motiv geht aber nicht etwa auf das Volksbuch
zurück, dass Faust am Kaiserhofe Zauberkunststücke vorführen lässt,
sondern hängt mit der Vorliebe zusammen, die man seit Lessings
Emilia Galotti für die Schilderung solcher kleinen lasterhaften Höfe
hegte.

und in welches Elend sein Volk dadurch gestürzt ist. Ungläubig hört der Fürst ihn an. Die Höflinge dringen bewaffnet auf Faust ein, der voll Unwillen den Hof verlässt. Sein goldner Traum, [1] „Rächer der gemisshandelten Menschheit zu sein, furchtbarer Würger des Lasters und der Tyranney, Schirmer der Unschuld und Schwäche", ist zerstört (S. 73). Aus zwei Gründen schloss er den Bund mit dem Teufel, um „die grosse Wunde der Menschheit bis in ihrem Grund zu sondiren, und, wär's möglich, sie zu heilen", und zweitens, um der „Zukunft Schleyer zu heben, und ihre Tiefe mit Götterblick durchzuschauen" (S. 74). Beide Hoffnungen sind nicht in Erfüllung gegangen. Er verlangt jetzt selbst nach Zerstreuung, und Mephisto bringt ihm, wie im Volksbuch, die Helena aus Griechenland. Faust ist berauscht von ihrer Schönheit: „Ein Hauch dieser Lippen entflammt unauslöschliche Gluth." „Komm! komm! O welcher Wahnsinn, Glück zu suchen ausser dem Kreisse deiner Arme; Glorie ausser dem Wiederschein deines holden Antlitzes!" (S. 77). [2] Entzückt sinkt er an ihren Busen. Mephisto triumphiert. Doch durch Ithuriel aus seinem Wonnetaumel erweckt, wird Faust von Reue erfasst. „Mephistophiles erscheint in Flammen und umfasst D. Faust." Dieser jammert: „Weh mir! du zermalmest mich!" (S. 80).

Hier könnte das Stück eigentlich schliessen, doch es folgt noch ein V. Akt.

Ithuriel gewinnt wieder die Oberhand und führt Faust an den „Busen der Natur" in die Arme seiner „guten Eltern"

---

[1] Vergl. die schon in der Einleitung citierte Stelle aus Klinger (S. 199): „Der Gedanke fuhr durch seine Seele: die Menschheit an ihren Unterdrückern zu rächen."

[2] Diese Worte Fausts erinnern an die Stelle bei Marlowe, in der Faust beim Anblicke Helenas ausruft (Vgl. Breymanns Ausgabe in Vollmöller, Engl. Sprach- u. Lit. Denkmäler No. 5. S. 174, V. 1367): „Come Helen, come giue mee my soule againe. Here wil I dwel, for heauen be in these lips. And all is drosse that is not Helena." Doch wird Soden schwerlich Marlowes Tragödie gekannt haben.

und seiner „holden Braut" zurück. Es war nur „Satans Täuschung", als Faust seine Eltern „durch Gold vergiftet" und seine Braut untreu wähnte. In Wirklichkeit trauern sie in äusserster Betrübnis um den Verlorenen und brechen in freudigsten Jubel aus, als er wieder in ihrer Hütte erscheint. Gerührt gelobt er fortan mit ihnen zusammen in redlicher Arbeit sein Brot zu erwerben. ' Liese, die er, wie wir jetzt erst erfahren, schon früher verführt hat, und die Mutter eines Knaben ist, soll nun sein Weib werden. Plötzlich stört der Lärm einer erregten Volksmenge diese friedliche Scene. Der Bauernkrieg [1]) ist ausgebrochen, und die Aufständischen wollen Faust zum Anführer wählen. Faust weigert sich, er will die friedliche Stätte, die er soeben gefunden hat, nicht wieder verlassen. Da fragt ein Mann aus dem Volke: „Willst du dem Strome der Empörung den zügellosen, verwüstenden Lauf lassen? Nur deine Weisheit kann ihm Ordnung geben, zum Glück des Landes." (S. 93). Fausts glühende Vaterlandsliebe erwacht wieder. Er ist überwunden; nur muss das Volk schwören, den Kaiser und alle rechtmässige Obrigkeit zu ehren. Sie leisten den Schwur, doch werden sie stutzig, als er daran erinnert, welche grosse Opfer der Einzelne bringen müsse, damit Deutschland wieder einig werden könne. Als er sie dann gar auffordert, das Gut der Geistlichen und Edelleute zu schonen, und ihnen als einziges Mittel, reich zu werden, die Arbeit empfiehlt, erklären sie ihn für einen bestochenen Verräter und wollen ihn töten. „Was? so soll meine Laufbahn sich enden? — Salomo! dein Siegel schütze mich!" (S. 97) ruft Faust aus, und Mephisto trägt ihn auf seinem Zaubermantel fort.

Diese Scene erinnert auffallend an Goethes Götz, durch den Soden sicherlich hier angeregt ist.

Das Stück schliesst in Fausts Studierzimmer. Faust ist in

[1]) Auch bei Klinger (S. 385) wird der „unglückliche Bauernkrieg" erwähnt, den Faust hier, ohne es zu wollen, indirekt selbst veranlasst hat.

grenzenloser Verzweiflung. Eine feurige Schrift erscheint an
der Wand: „Faust, deine Zeit ist aus". Er will beten und
vermag es nicht. Die Uhr schlägt wie im Puppenspiel.
„Geister umringen ihn, und entführen ihn in die Luft."
(S. 102.)

Das Drama enthält, wie wir gesehen haben, eine Menge
von Anklängen und Entlehnungen aus der Sturm- und Drangperiode. Wir wurden an die Faustdichtungen von Müller
und Klinger, an Schillers Räuber und Goethes Götz erinnert.
Nur eine Bekanntschaft mit Goethes Fragment von 1790 macht
sich nirgends bemerkbar. Soden war bemüht, seinen Faust
als Genie zu zeichnen, wie das die Stürmer und Dränger
gewollt hatten.[1]) Aber ihm ist es noch viel weniger gelungen, als ihnen. Besonders verhängnisvoll wurde für sein
Stück der Einfluss Weidmanns. Die Einführung des Ithuriel,
der überall als retardierendes Element auftritt, wirkt äusserst
undramatisch.

Ganz ungeschickt und unmotiviert ist die Scene, in welcher Mephisto nicht nur Faust, sondern auch dem Leser vor-
spiegelt, dass Liese und der alte Vater durch den Glanz des
Goldes geblendet seien. Ist eine derartige, übernatürliche
Sinnestäuschung überhaupt dramatisch verwerflich, wenn sie
einen so weitgehenden Einfluss auf die innere Entwicklung
der Handlung gewinnt, so muss doch wenigstens der Leser,
beziehungsweise Zuschauer erkennen können, dass es nur
Täuschung und nicht Wahrheit sein soll, was sich dort ab-
spielt.

Wenig glücklich ist auch der Zeitpunkt gewählt, in wel-

---

[1]) Der ganze Faust der Stürmer und Dränger tritt uns aus
Brenners Schilderung entgegen: „Die Natur hat dich ausgesteuert mit
ihren reichsten Gaben. Wo ist er hin, dieser Durst nach grossen
Thaten, dieses Streben nach einer Sonnenlaufbahn? Wohin diese
Gierde, alles zu wissen, alles zu erschöpfen? zu messen das Uner-
messliche, zu erforschen das Unendliche....." (S. 20.) Auch bei
Klinger (S. 4) heisst es übrigens: „Die Natur hatte ihn, wie einen
ihrer Günstlinge behandelt."

chem Faust erfährt, was für entsetzliche Folgen seine vermeintlichen Wohlthaten gehabt haben. Bei Klinger lässt der
Teufel in diabolischer Freude Faust bis zum Schluss in dem
Wahn, er schaffe sich durch diese Thaten ein Aequivalent
für seine Sünden, und erst am Ende des Romans in einer
Scene von überwältigender Tragik zermalmt er den Unglück-
lichen durch die Mitteilung, dass er gerade hiedurch uner-
hörte Greuel bewirkt habe, dass gerade seine Vermessenheit,
den Weltrichter spielen zu wollen, eine seiner schlimmsten
Thaten gewesen ist. In dem Sodenschen Stück bleibt diese
Eröffnung, die hier Ithuriel macht, ganz ohne nachhaltigen
Erfolg. Momentan wird Faust dadurch verstimmt, das ist
aber auch alles. Sein Charakter ist überhaupt sehr verschwom-
men und weichlich. Weit entfernt, ein himmelstürmendes
Genie zu sein, ist er in Wahrheit selbst zu schwach zum Guten
und zu schwach zum Bösen. Wir hören zwar einige von
ihm verübte Schandthaten erzählen, aber wie er uns entgegentritt, erscheint er eigentlich mehr tugendhaft als lasterhaft. So
ist sein Bund mit dem Teufel auch keine rechte Sünde, denn
er geht ihn in der Absicht ein, Gutes zu thun, und schwört sich
selbst, wahr und tugendhaft zu bleiben. Eine moralische Notwendigkeit zu seiner Verdammnis liegt nicht vor. Der Ausgang
seines Schicksals hängt lediglich von einem Zufalle ab, und
wenn Ithuriel im entscheidenden Augenblick anwesend gewesen wäre, hätte er seinen Schützling sicher gerettet.

Soden hatte hier eben einen Stoff gewählt, der ihm
innerlich fremd blieb, und hatte versucht, ihn im Sinne
von Dichtern zu gestalten, die ihm ebenso fremd waren. So
entstand sein Faust ohne lebendige Kraft, eine mühsam zusam-
mengeflickte Dichtung. Wir können Sodens Faust nicht einmal über Weidmanns Drama stellen, obwohl er in seiner Inez
de Castro himmelhoch über letzterem steht, der denselben
Stoff behandelte.

Soden mochte die Schwächen dieses Faust selbst fühlen,
denn er nahm ihn in keine Sammlung auf; widerspricht der-

selbe doch auch vollkommen den Anschauungen, die der Dichter
später in der Einleitung zur ersten Ausgabe seiner Virginia
über die Tragödie entwickelt. Hier verdammt er ausdrücklich Schillers Jugendstücke Kabale und Liebe, Fiesko und
Don Carlos und erkennt von Goethe unbedingt nur Iphigenie
an. Er ist insofern von Lessing beeinflusst, als er die drei
Einheiten verschmäht, das Konventionelle der französischen
Tragödie erkennt und theoretisch auch die Berechtigung des
bürgerlichen Dramas zugibt. Dann aber hat er sich ein
höchst merkwürdiges Ideal vom Drama gebildet, das in erster
Linie auf ein Missverstehen der antiken Tragödie zurückzuführen ist. Nicht auf den rein menschlichen Gefühlsinhalt,
sondern auf den Heroismus [1]) des Helden kommt es ihm an.
So verdammt er Hamlet und nennt den Regulus einen wahrhaft grossen Stoff.

Eine Aufführung dieses Faust ist mir nicht bekannt, [2])
wie denn überhaupt die Sodenschen Stücke wenig Glück auf
der Bühne gehabt zu haben scheinen.

Den Einfluss, den Sodens Faust aufs Puppenspiel gewann, hat Creizenach bereits untersucht.

In dieser ersten Gruppe der Faustdichtungen müssen wir
auch des Faust von A d a l b e r t v o n C h a m i s s o gedenken,
der abgesehen von dem dreiaktigen Trauerspiel „Der Graf von
Comminge" wohl der erste grössere, poetische Versuch des
Dichters war. Während man jenem Trauerspiel noch, wie
Hitzig [3]) berichtet, „das mühselige Ringen mit der Sprache"

---

[1]) Ganz ähnlich hatte der junge Wieland in dem Vorbericht zu
seiner „Lady Johanna Gray" Zürich 1758 behauptet: „Die Tragödie ist
dem edlen Endzweck gewidmet das Grosse, Schöne und Heroische der
Tugend auf die rührendste Art vorzustellen."

[2]) Doch sagt der Verfasser von „Die Jubelfeier der Hölle oder
Faust der jüngere" Berlin 1801, einem Drama, das wir noch später
näher betrachten werden, in seiner Vorrede: „Die Bearbeitungen von
Mahler Müller und von Soden habe ich nicht gelesen, weiss aber, dass
die des letzteren für die Bühne geschrieben und auch aufgeführt
wurde."

[3]) Vgl. J. E. Hitzig, A. v. Chamissos Werke. Leipzig 1839. Bd. V S. 13.

anmerken konnte, sind die Verse des Faust von einer geradezu
staunenswerten Gewandtheit und Kraft. Der Inhalt der
336 Verse ist in Kürze folgender:

Wir sehen Faust[1]) in seinem Studierzimmer mitten in
der Nacht. Hier ist er, über seinen Büchern „nach Wahrheit
ringend," alt geworden. Sein Wissensdurst droht ewig un-
gelöscht zu bleiben, er zweifelt an allem und „ew'ge Rätsel,
schrecklich grimm'ge Nattern," peinigen ihn unaufhörlich.
Nur in der Wahrheit Schein kann er gesunden. Um sie zu
erreichen, will er sich die Geisterwelt eröffnen und beschwört
die finstern Mächte. Lockend erschallt sofort die Stimme des
bösen Geistes, während der gute Geist ihn zu warnen sucht.
Doch Faust will die Warnung nicht vernehmen und ruft aus:

„Entfleuch! Nicht du, Unmächtiger, vermagst
Den heissen Durst des Lechzenden zu stillen,
Die sturmgeschlag'nen Wellen zu besprechen.
Du lähmst den Flug mir, hebe dich von dannen!
Ich will ihn männlich fliegen und nicht zagen.
Ich wende mich von dir, ich folge dem;
Belehrung fordr' ich; Wahrheit und Erkenntniss."

Der böse Geist verheisst ihm die Schätze der Wahrheit,
wenn er ihm als Preis seine Seele verschreiben wolle. Vergebens warnt der gute Geist von neuem. Faust will „der
ew'gen Rache männlich harren" und zerbricht den Stab des
Gerichts, der ihm in die Hand gezaubert wird. Triumphierend teilt ihm der böse Geist mit, dass er umsonst die ewige
Verdammnis gewählt habe.

„Der Zweifel ist menschlichen Wissens Gränze,
Es kann der Staubumhüllte nichts erkennen,
Dem Blindgebornen kann kein Licht erscheinen."

Faust wird von massloser Verzweiflung ergriffen. Da
wird ihm ein Dolch in die Hand gezaubert, den er sich in's
Herz stösst.

Die Gegenüberstellung des guten und bösen Geistes
erinnert ans Volksschauspiel, während das Motiv, Faust durch
die böse Macht zum Selbstmord zu treiben, auf eine Bekannt-

---

[1]) Vergl. Chamissos Werke a. a. O. Bd. IV. S. 186.

schaft mit Weidmann zu deuten scheint. Manches klingt an
Goethes [1]) Fragment an. Sonst ist die Sprache so selbständig,
dass es nicht möglich ist, festzustellen, wie viel der Verfasser
von den Dichtungen der Stürmer und Dränger gekannt hat.
Chamisso [2]) sagt selbst über diesen Versuch: „Ich schrieb im
Jahre 1803 den Faust, den ich aus dankbarer Erinnerung in
meine Gedichte aufgenommen habe. Dieser fast knabenhafte
metaphysisch-poetische Versuch brachte mich zufällig einem
andern Jünglinge nah, der sich gleich mir im Dichten versuchte, K. A. Varnhagen von Ense. Wir verbrüderten uns,
und so entstand unreiferweise der Musenalmanach auf das
Jahr 1804.“ Auch Varnhagen [3]) sagte später von dem Inhalte
dieses Almanachs, in welchem unter anderm auch Chamissos
Faust abgedruckt war: „Von dem literarischen Werthe dieser
Jugendversuche kann gar keine Rede mehr sein!“ Von der
zeitgenössischen Kritik [4]) wurde das ganze Unternehmen denn
auch aufs schärfste getadelt.

Chamisso hat wohl später nie mehr daran gedacht, seinen
Faust weiter auszuführen; aber wie sehr ihn die Faustsage
fernerhin beschäftigte, sehen wir aus seinem prächtigen „Peter
Schlemihl“, der fraglos sehr viel Faustisches enthält.

Auf Chamissos Fauststudie folgten zu Beginn des XIX.
Jahrhunderts in kurzer Zeit eine Anzahl von Faustdichtungen,
die alle auf Klinger zurückgehen.

Die erste derselben stammte von Karl Christian Ludwig Schöne (geb. 10. Februar 1779 zu Hildesheim, begann

---

[1]) Warum Ludwig Geiger (Einleitung zu „Berliner Neudrucke“
Serie II, Bd. I. S. III) es so merkwürdig findet, dass Chamissos Faust
„vor dem Erscheinen von Goethes erstem Teil gedichtet und veröffentlicht wurde“, ist mir unklar.

[2]) In der Vorrede zur „Reise um die Welt.“ Vgl. Werke a. a. O.
I. S. 6.

[3]) Chamissos Werke a. a. O. V. S. 24.

[4]) Vgl. die Kritiken in der „Jen. allg. Literaturzeitung“ Mai 1805.
— Mit besonderem Spott fiel man natürlich auch in der „Neuen allg.
deutsch. Bibl. (Bd. 89 S. 159) über diesen Almanach her.

1799 Medizin in Göttingen zu studieren, 1813 Direktor des
Militärlazarets zu Kolberg, später Hofrat und Arzt zu Stralsund, gest. daselbst nach 1852[1]). Schöne zeigte in seiner
Jugend Talent für verschiedene Künste, trat in dem Stadt-
theater zu Hildesheim selbst auf,[2]) widmete sich dann aber
medizinischen Studien und veröffentlichte verschiedene fach-
wissenschaftliche Abhandlungen.

Sein erster poetischer Versuch war „Faust, eine romantische Tragödie", Berlin 1809. Schöne sagt selbst in der
Vorrede: „Klingers Faust, als Roman bearbeitet, gab mir
zuerst die Idee, Faust tragisch für die Bühne zu bearbeiten.
Im ersten Akt bin ich mehreren seiner schönen Ideen, aber
schon am Ende des ersten Akts bin ich einem eigenen Plane
gefolgt." Wir werden sehen, wie unglücklich der Versuch
ausfiel, Klingers Ideen mit einem ganz neuen Stoff zu verschmelzen.

Das Stück beginnt wie Goethes Faust[3]) mit einem nächt-
lichen Monolog Fausts in seinem Studierzimmer. Er hat wie bei
Klinger die Buchdruckerkunst[4]) erfunden und die Bibel gedruckt,
die ihm jedoch niemand abkaufen will. So sieht er denn
mit banger Sorge der Zukunft entgegen, die vielleicht ihm,
seinem Weib und seinen Kindern den Hungertod bringen
wird. Aus dieser Not will er sich durch Magie retten und
die höllischen Mächte heraufbeschwören. Wie bei Klinger

---

[1]) Dies Datum fand ich in E. M. Oettinger, „Moniteur des dates"
Tome V Dresde 1868. Etwas Genaueres über seine letzten Lebens-
jahre und seinen Todestag vermochte ich nicht festzustellen.

[2]) Vgl. D. H. Biederstedt, „Nachrichten von den jetzt lebenden
Schriftstellern in Neuvorpommern und Rügen." Stralsund 1822.
S. 129.

[3]) Ob Schöne den 1808 erschienenen ersten Teil von Goethes Faust
gekannt hat, ist nicht ersichtlich. Eine einzige Stelle höchstens, in der
Levithan sagt (S. 30): „Du hast das kleine Leben nur gesehn, ich will
dich jetzt ins Grosse führen" könnte an Goethes „Wir sehn die kleine,
dann die grosse Welt" erinnern.

[4]) Auch bei Soden (u. a. S. 50 und S. 74) wird beiläufig erwähnt,
dass Faust der Erfinder der Buchdruckerkunst sei.

erscheint ihm Leviathan, und die nun folgende lange Unterredung (S. 7—18) ist fast wörtlich aus Klinger (S. 56—78)
entnommen.

Bei Klinger spielt Leviathan seinen letzten Trumpf aus,
indem er Faust reiche Schätze, dann die schöne Bürgermeisterin
und schliesslich Orden, Fürstenhüte etc. zeigt. Auch bei
Schöne zaubert er erst einen Kasten mit Gold und dann
„mehrere schöne weibliche Figuren" herbei. Darauf springt
Faust mit einem raschen Entschluss aus dem Zauberkreis
und ruft, wie bei Klinger: „Ich bin dein Herr!" Damit ist
der Bund geschlossen.

Während der ganzen Beschwörung hatte Faust nur an
sein armes Weib und seine hungernden Kinder gedacht, daher
will er jetzt zuerst zu diesen eilen. Er kündigt ihnen (S. 21)
seinen Entschluss an, mit einem reichen Herrn — d. i. Leviathan
— eine weite Reise zu unternehmen. Wie bei Klinger (S. 124)
ermahnt ihn sein alter Vater, sich im Lande redlich zu ernähren. Doch Faust winkt einigen Dienern, die Gold und Schmuck
hereinbringen. Wie bei Klinger (S. 126) spricht der Vater
die bange Ahnung aus, dass diese Schätze nicht redlich er-
worben sind. Doch während dort (S. 125) Fausts Weib, durch
den Zauber des Goldes bethört, für nichts anderes mehr Sinn
hat und gerade diese bittre Erkenntnis Fausts Glauben an
die Menschheit aufs tiefste erschüttert, ruft sie hier aus
(S. 22):

> „Kann mich der Schmuck doch nicht erheitern Faust,
> Nur du vermagst's. wenn du an meiner Seite
> Den bangen Tag verlebst."

Doch trotz der Thränen seines tugendhaften Weibes reisst
Faust sich los, um mit Leviathan die Weltreise anzutreten.

Bei Beginn des II. Akts finden wir Faust mit Leviathan
in einer „freien Gegend". Faust fasst den Entschluss, die
Macht, die er jetzt besitzt, auszunutzen, um Gutes zu thun.
Auch dies Motiv hat Schöne, wie vor ihm Soden, aus Klinger entlehnt.

Faust und Leviathan begeben sich an den Fürstenhof.
Hier beginnt die von Schöne selbständig erdachte Handlung,
die mit dem Schicksal Fausts ganz äusserlich verknüpft wird.
Das Stück spielt nun vom III. Auftritt des II. Akts bis
zum XII. Auftritt des V. Akts (einschliesslich) am Hofe Kaiser
Friedrichs III. Im Mittelpunkt der neuen Handlung steht
ein ränkesüchtiger Pater Innocenz. Um Heribert, den edlen
Kanzler des Kaisers, zu stürzen, verkuppelt er dessen Frau
Mathilde an einen kaiserlichen Rat Berthold und gewinnt so
in diesem ein gefügiges Werkzeug. Leviathan in Gestalt
eines Abgesandten Karls von Burgund kommt mit Faust an
den Hof. Der Kaiser, der übrigens kaum an den historischen
Friedrich III. erinnert, nimmt Faust sehr gnädig auf und
adelt ihn. Dieser verliebt sich in Kunigunde, Heriberts Tochter
aus erster Ehe, und sieht seine Liebe erwiedert. Er scheint
seine Frau vergessen zu haben und will dem ganzen Hof
seine Liebe zu Kunigunde frei gestehen. Doch diese hält
ihn zurück und will gerade „der Liebe Heimlichkeiten" kennen lernen. So ist sie eigentlich selbst die Verführerin.
Inzwischen wird Faust vom Kaiser in Audienz empfangen
und sucht als ein zweiter Marquis Posa diesen für edle und
hochsinnige Ideen zu begeistern. Innocenz sieht, dass Fausts
Einfluss gefährlich zu werden droht, und überredet Berthold,
jenen im Schlaf zu ermorden. Faust erwacht rechtzeitig,
entreisst Berthold den Dolch und zückt ihn auf diesen selbst.
Doch Innocenz fällt ihm in den Arm und erklärt den herbei-
eilenden Höflingen, Faust habe einen schnöden Mord verüben
wollen. Infolge dieser Anklage wird Faust in den Kerker
abgeführt, und Kunigunde nimmt bei der Kunde davon Gift.
Als Heribert, der durch die Intriguen von Innocenz auch in
den Kerker gebracht ist, den Tod seiner Tochter vernimmt,
wird er vom Schlage getroffen; Mathilde aber wird wahnsinnig.

Die letzte Scene des V. Akts spielt in einer Gewitter-
nacht im einsamen Walde, wohin Leviathan Faust aus dem

Kerker entführt hat. Diese Scene ist wieder eine klägliche
Verwässerung der grossartigen Schlussscene bei Klinger. Mit
einer geradezu erschreckenden Gedankenlosigkeit schrieb
Schöne diese Scene ab, ohne zu überlegen, dass sie zu seinem
Drama gar nicht passte. Denn hier hatte durchaus nicht
Faust all das Unheil angerichtet, sondern der ränkesüchtige
Innocenz. Und wenn Leviathan Faust entgegendonnert, dass
Innocenz jetzt Kardinal und Berthold Kanzler geworden sei,
so ist doch Faust ganz unschuldig daran. Er hat sich ja die
aufrichtigste Mühe gegeben, den wackeren Heribert zu unter-
stützen und den tückischen Innocenz zu stürzen.

So hat Schöne diesen Grundgedanken der Klingerschen
Dichtung, dass der Mensch sich nicht zum Weltrichter auf-
werfen solle, noch verworrener und unklarer wiedergegeben
als Graf Soden.

Sehr einfältig war es auch, dass er eigentlich in Innocenz
einen zweiten Leviathan (d. h. Verführer) und in Berthold
einen zweiten Faust (d. h. Verführten) hinstellte. Dadurch
entstand ein ganz unsinniger Parallelismus zweier getrennter
Handlungen. Aber gerade auf diesen trivialen Einfall schien
der Verfasser besonders stolz zu sein, denn in der Vorrede bemerkte er sehr wichtig: „Was ich durch die Zusammenstellung
der Charaktere des Fausts und Bertholds, wie des Leviathans
und des Innocenz, habe andeuten wollen, überlasse ich dem
denkenden Leser zu entscheiden; für diese, welche dies nicht
zu entscheiden vermögen, habe ich nicht geschrieben."

Das Drama ist in fünffüssigen, grösstenteils recht miss-
glückten Jamben geschrieben, die mitunter, um am Schluss
einer längeren Rede den Eindruck zu steigern, wie bei
Schiller gereimt sind; z. B. S. 53:

> „Er reisst uns fort, bringt uns ins Reich des Schönen —
> Die Zaubermacht, sie liegt in seinen Tönen."[1]

---

[1] Diese erste Rede, die der Kaiser an Faust hält, erinnert etwas
an Karls Worte in der Jungfrau von Orleans I.₂:

> „Drum soll der Sänger mit dem König gehen,
> Sie beide wohnen auf der Menschheit Höhen."

Ueberhaupt scheint Schöne eher bemüht gewesen zu sein,
die Sprache der späteren Dramen Schillers nachzuahmen, als
den Ton der Stürmer und Dränger zu treffen.

Eine sehr treffende, vernichtende Kritik dieses Faust erschien noch in demselben Jahr in der „Bibliothek der redenden und bildenden Künste." [1] Hier war Goethes und Schönes
Faust gleichzeitig besprochen und das richtige Urteil gefällt : „Wer sich einen klaren Begriff von dem machen will,
was ein Dichter und was kein Dichter sei, der darf nur diese
beiden Produkte hinter einander lesen." [2] „Der Verfasser
(d. h. Schöne) weiss sich nicht einmal richtig auszudrücken ;
seine Sprache ist matt und schwülstig zugleich, und nichts
kann rauher und holprichter seyn, als seine Verse."

An diese derbe, aber verdiente Zurechtweisung kehrte
sich unser Schöne leider nicht und besass die Unverfroren-
heit, später sogar eine Fortsetzung [3] des Goetheschen Faust
zu veröffentlichen, die wir an einer andern Stelle betrachten
werden.

Das Problem, Klingers Faust zu dramatisieren, war durch
das erbärmliche Machwerk Schönes natürlich in keiner Weise
gelöst. So unternahm es wenige Jahre darauf ein alter
Bühnenpraktiker, einen wirklich bühnenfähigen Faust nach
Klinger zu schreiben — Ernst August Friedrich
Klingemann (geb. 31. Aug. 1777 zu Braunschweig, stu-

---

[1] Leipzig 1809. Bd. VI. S. 314—37.

[2] Die Beurteilung Goethes ist trotzdem hier von einer enormen
philiströsen Borniertheit.

[3] Wilhelm Scherer scheint in seiner Literaturgeschichte (ich
citiere nach der V. Aufl. Berlin 1889) der irrtümlichen Ansicht gewesen
zu sein, dass diese Fortsetzung von einem andern Schöne verfasst sei.
Denn er sagt dort (S. 704): „Das schreckte einen klüglichen Poeten,
Namens Karl Schöne nicht ab, 1809 eine neue «romantische Tragödie»
auf Grund des Klingerschen Romans zu verfassen." Weiter heisst es
dann: „Gleichzeitig mit dem Vossischen Drama, 1823, versuchte
C. C. L. Schöne den Goetheschen Faust fortzusetzen, indem er ihn
copierte." Auch im Register (S. 810) sind Karl Schöne und C. C. L. Schöne
als zwei verschiedene Personen aufgeführt.

dierte in Jena, seit 1795 schriftstellerisch thätig, 1814 Thea-
terdirektor in Braunschweig, gestorben daselbst 24. Jan. 1831).
Seine theatergeschichtliche Bedeutung ist ausführlich von
Joseph Kürschner [1] gewürdigt, so mag hier nur mit wenigen
Worten seiner Stellung in der Literatur gedacht werden.
Mit Recht nennt man ihn, der schon in Jena bei Fichte,
Schelling und A. W. Schlegel Kolleg gehört hatte, einen Anhänger der Romantik. [2] Doch könnte Klingemann auch als
ein später Nachfolger der Stürmer und Dränger gelten, da
er ein Vertreter des Ritterdramas war, das sich bekanntlich
unter dem Einfluss von Goethes Götz entwickelt hatte. Eines
seiner allerersten Werke „Wildgraf Eckart von der Wölpe.
Eine Sage aus dem vierzehnten Jahrhunderte" Braunschweig
1795 [3] ist ein äusserst umfangreiches, weitschweifiges Ritterdrama [4] in 3 Abteilungen, das 368 enggedruckte Seiten einnimmt. Ihm folgte „Die Asseburg. Historisch romantisches
Gemälde dramatisiert" Leipzig 1796—97 in zwei Teilen zu
je 3 Büchern. [5] Beide Stücke sind in Prosa geschrieben
und haben grosse Aehnlichkeit miteinander. An die Möglichkeit, sie aufzuführen, wird der Verfasser wohl selbst nicht
gedacht haben, da man infolge ihrer endlosen Länge mehrere

---

[1] Vergl. Allg. deutsch. Biogr. Bd. XVI. S. 187.

[2] Als Anhänger der Romantik wird Klingemann auch oft in der
Neuen allg. deutsch. Bibl. (vergl. z. B. Bd. 73 S. 313 und Bd. 86 S. 94)
angegriffen und verspottet.

[3] Die Vorrede ist vom Dezember 1794 datiert.

[4] Goedeke (Grundriss. Auflage I. Bd. III. S. 152) bezeichnet dieses
Werk als Roman, und ebenso Joseph Kürschner (a. a. O. S. 187), doch
haben beide das Buch vielleicht gar nicht selbst gekannt und liessen
sich durch den Titel „eine Sage" irre leiten, den sie aus der Bibliothek
der schönen Wissenschaften von Euslin-Engelmann (Aufl. II. Leipzig
1837 S. 187) entnommen haben mögen.

[5] Diesen Titel teilt Goedeke (a. a. O. S. 152) mit. Ich selbst benutzte einen spätern Druck. — „Von der Asseburg", bemerkt
A. W. Schlegel in der „Jen. allg. Liter.-Ztg." (1796 No. 378 S. 566)
„ist vollends gar nichts zu sagen, als dass es unbegreiflich ist, wie
man ein so unschmackhaftes Werk nicht wenigstens in Einem Bande
endigt."

Tage dazu gebraucht haben würde. Doch schrieb er wohl direkt für die Bühne sein „Vehmgericht. Ein dramatisiertes Gemälde in 5 Akten",[1] das er in fünffüssigen Jamben abfasste.

Otto Brahm[2] scheint die beiden ersten Dramen nicht gekannt zu haben, und doch hätten gerade diese beiden Stücke vortrefflich in seine Abhandlung gepasst, da die von ihm aufgezählten Motive[3] (a. a. O. S. 70--71) sich hier in seltener Vollständigkeit finden. Ausserdem hat hier Goethes Satire im Götz gegen das Unwesen des Pfaffentums besonders stark nachgewirkt. Masslos ist Klingemanns Polemik gegen Dummheit, Faulheit, Unsittlichkeit und Ränkesucht der Geistlichen.

Ganz die schwerfällige Technik des Ritterdramas weist auch Klingemanns „Schweitzerbund" in 2 Bänden „Arnold an der Halden" und „Der Sturz der Vögte" auf. Das Ganze ist, wenn auch teilweise völlig neue Charaktere eingeführt sind, in der Hauptsache nur eine unsäglich langweilige Paraphrase über Schillers Tell in Prosa. Bei späteren Dramen Klingemanns können wir dann in der Technik Schillers Einfluss erkennen, so in seinem „Moses" (Leipzig 1812), wo dem eigentlichen Drama ein Prolog vorausgeht, der genau nach dem Muster der Jungfrau von Orleans gebildet ist. Sein dramatisches Glaubensbekenntnis enthält sein kurzer Aufsatz „Ueber den Geist tragischer Kunst".[4] Hier verurteilt er die Rührstücke und spricht den Satz aus, dass der Zweck der Tragödie, wie der Kunst überhaupt, kein moralischer sein

---

[1] Abgedruckt in Klingemanns Theater Bd. III. Stuttgart und Leipzig 1820. Grandaur (a. a. O. S. 71) erwähnt eine Aufführung in München im Jahre 1810.

[2] „Das deutsche Ritterdrama im achtzehnten Jahrhundert" in Quellen und Forschungen Band XL. 1880. S. 142.

[3] Beispielsweise enthält „Die Asseburg" von den 24 von Brahm aufgezählten Motiven alle ausser f. i. k. x., während Brahm selbst nur ein einziges Stück kennt, das 14 dieser Motive aufweist, alle anderen aber, die er anführt, erheblich weniger enthalten.

[4] Abgedruckt im III. Band des Theaters. (a. a. O.)

könne. Nur grosse Leidenschaften soll der tragische Dichter darstellen: nicht nur die hohe Tugend, sondern auch das gewaltige Laster.

Auch dies sind Grundsätze, die es durchaus rechtfertigen, wenn wir Klingemann als einen wirklichen Nachfolger der Stürmer und Dränger ansehen. So war er von allen Dichtern, die wir bisher betrachtet haben, der berufenste, einen Faust zu schreiben.

In der Vorrede zu seinem Faust (Trauerspiel in 5 Akten. Leipzig und Altenburg 1815) spricht er es klar aus, dass es ihm nur darauf ankomme, „einen ächt dramatischen Faust" zu schaffen und dabei „das geheimnisvolle Grauen, das durch die alte Legende waltet," festzuhalten.

Das Stück beginnt in der Nacht in Fausts Studierzimmer.

Wie bei Klinger ist Faust vermählt. Sein alter Vater, der hier Diether heisst und blind ist, wohnt wie dort bei ihm. Diether und Fausts Weib Käthe warten im Studierzimmer auf seine Rückkehr. Käthe hat das Zimmer zum erstenmale betreten, was ihr Gatte sonst streng verboten hat. Sie betrachtet neugierig den unheimlichen Ort, der ihr Schaudern einflösst und schildert dem blinden Greise, was sie ringsum erblickt. Auf diese Weise wird eine ganz geschickte Exposition gegeben. Wir erfahren, dass Faust die Bibel gedruckt habe. Auch das Feuerrohr für das Pulver des Berthold Schwarz hat er erfunden. „Ein Höllenwerk" nennt Diether, von bangen Ahnungen erfüllt, diese Erfindung:

> „Von früh her trieb der Faust Astrologie,
> Und schaute frech die Zukunft aus den Sternen!
> Ich hab' ihn oft verwarnt; denn solche Kunst
> Ist schon Geschwisterkind mit Teufelswerken." (S. 11.)

Ein grosses Buch fesselt Käthes Aufmerksamkeit. Als sie es aufschlägt, glühen und flammen ihr die Zeichen[1] daraus entgegen und erfüllen sie mit Entsetzen. Der Famulus

---

[1] Hier werden wir an die geheimnisvolle Macht erinnert, die bei Goethe vom Zeichen des Makrokosmus ausgeht.

Wagner stürzt mit einer Lampe herein, da ihn das Licht im Studierzimmer erschreckt hat.

Wagner ist hier wie bei Müller vor allem der gute Freund der Faustschen Familie, trägt dabei allerdings auch einige Züge von Goethes „trocknem Schleicher".

Inzwischen kehrt Faust selbst zurück. Er hat wie bei Klinger überall vergeblich die gedruckte Bibel zu verkaufen gesucht. So ist er in der verbittertsten Stimmung, hört weder auf Käthes Liebkosungen noch auf des Vaters Vorwürfe und stürmt wild hinaus.

Die nächste Scene spielt auf einem Kirchhof. Aus einer Kapelle schallt ein Choral. Faust naht. Der Gesang: „Quid sum miser tunc dicturus . . . . ." stimmt ihn nachdenklich und erinnert ihn an seine Jugend. Da tritt „ein Fremder, ganz in einen dunklen Mantel verhüllt," auf und winkt ihm zu folgen, indem er nach dem Spessar[1]) deutet. Nach einigem Zaudern stürzt Faust ihm mit dem Rufe nach:

> „Hinaus zum Spessar! — Eh' der Tag beginnt,
> Sollst du, ein Sklav, zu meinen Füssen zittern!" (S. 30).

Zu spät erscheinen Diether, Käthe und Wagner, um nur noch Faust im Spessar verschwinden zu sehen. Mit Grausen und unter Wehklagen[2]) sehen sie das Unwetter, das sich über dem Walde furchtbar entladet. In der Ferne verhallt Fausts Ruf: „Wehe! Wehe!"

Bei Beginn des nächsten Akts sehen wir Faust in einer Gebirgsgegend, wo er einen sehr langen Monolog hält. In diesem ziemlich ermüdenden Phrasengeklingel könnte man wieder manche Anklänge an Goethe konstatieren, die jedoch auf gänzlich oberflächlichen Reminiscenzen beruhen. Wir

---

[1]) Schon im Volksbuch von 1587 hiess es, dass Faust dem Teufel zum ersten Mal in „einem dicken Waldt, wie etliche auch sonst melden, der bey Wittenberg gelegen ist, der Spesser Wald genandt" beschworen habe.

[2]) Bei Klinger heisst es: „Hier sprang er wild begeistert in den Kreiss hinein, und Klagegetön seines Weibes, seiner Kinder, seines Vaters erschollen in der Ferne: »Ach verlohren! ewig verlohren!«." (S. 22.)

erfahren, dass Faust mit der Hölle einen Vertrag geschlossen hat: Nur wenn er vier Todsünden begeht, soll er dem Teufel verfallen.

Er wird von ungestümer Lebenslust erfasst:

„Geniessen will ich, glühend heiss geniessen,
Und nimmer welken soll mir der Genuss;
Ins Herz des Lebens will ich überfliessen,
Berauschen mich an seinem schönsten Kuss;
Doch Dauer sei dem Augenblick gegeben,
Rauscht er hinweg, mag ich ihn nicht durchleben!" (S. 39).[1]

Der Kuhreigen, der sanft in der Ferne ertönt, versetzt ihn in eine sentimentalere Stimmung. Er denkt an sein Weib und befiehlt einem unsichtbaren Geiste, seine Rückkehr zu Hause anzuzeigen und zugleich seinem Weib goldene Ketten und Armspangen zu bringen. Dann eilt er selbst von dannen.

In der nächsten Scene findet Käthe ihr Haus plötzlich mit glänzendem Prunk ausgestattet. Sie hat sich mit den goldenen Ketten geschmückt, die ihr Faust geschickt hat (wie bei Klinger S. 125), doch auf Wunsch des alten Diether legt sie den Schmuck wieder ab. Dabei erzählt sie, Faust hätte ihr geschrieben, dass er als Begleiter eines reichen Herrn nach Welschland gereist sei (wie bei Klinger S. 124).

Plötzlich sieht sie ein weibliches Porträt an der Wand hängen, das früher nie an dieser Stelle war. Sie verhängt es mit einem Schleier, da sie den stechenden, tückischen Ausdruck jener Augen nicht zu ertragen vermag.

Da hält ein Wagen mit vier schwarzen Rossen vor dem Haus. Faust ist heimgekehrt. Sein Antlitz erglüht in seltsamem Feuer. Er ist in heftigster Erregung. Den alten Vater, der wieder mit denselben Ermahnungen beginnt, fertigt er schroff ab. Mit grosser Freundlichkeit begegnet er Wagner[2] und scheint gesonnen, ihn in seine Geheimnisse einzuweihen.

---

[1] Hier hat Klingemann ganz gedankenlos eine Reminiscenz aus Goethe hingeschrieben, ohne zu überlegen, ob sie in diesem Zusammenhang irgend welchen Sinn hat.

[2] **Wagner** berichtet übrigens von einem unheimlichen schwarzen Pudel, der mit funkelnden Augen vor der Thüre sässe.

Leidenschaftlich begrüsst er Käthe, die vor seiner wilden Sinnlichkeit zurückschreckt. Plötzlich wird sie gewahr, dass seine linke Hand blutet. Ganz mechanisch spricht sie ein Märchen von einem Grafen vor sich hin, der im Walde mit dem Blut der linken Hand seine Seele dem Teufel verschrieben habe:

„drauf ward der Grafe
Ein reicher Mann, allein die Wunde heilte
Nie wieder zu, und nach der Feuertaufe
Blieb sein Gesicht —
(bricht in dem Augenblicke Faust anblickend ab, verlässt den vorigen Ton und schreit ausser sich auf)
— Ha, glühend, wie das deine!“ (S. 70).

Indessen hat Faust das verschleierte Bild gesehen, reisst die Hülle herunter und wird durch den Anblick aufs höchste entzückt. [1]

Im III. Akt sitzt Faust mit Wagner inmitten zechender Studenten in einem Weinkeller. Ein Student erzählt ahnungslos verschiedene Anekdoten von dem berühmten Faust, der aus Auerbachs Keller auf einem Weinfass hinaus gefahren sei, einem Bauern ein Fuder Heu samt Pferden und Wagen aufgefressen habe, auf seinem Mantel durch die Luft geflogen sei — lauter Züge aus dem Volksbuch. Faust ärgert sich hierüber und kredenzt dem Sprecher einen Becher; doch, als dieser daraus trinken will, entzündet eine blaue Flamme [2] den Becher, der mit einem furchtbaren Knall zerspringt, so dass alle Studenten entsetzt fliehen. Erst jetzt bemerkt Faust einen „Fremden“ mit einem „hochrothen wilden, von der Sonne verbrannten“ Gesicht, mit dem er ins Gespräch kommt. Der Fremde trinkt unterdessen brennenden Wein und reisst erhitzt sein Wamms auf, aus dem ein Porträt fällt. Darauf schlummert er weinschwer ein. Faust hat in dem Bild jenes Weib wieder er-

---

[1] Auch hier hat Klingemann Goethe benutzt. (Vergl. „Hexenküche“.)

[2] Bei Goethe flammt der Verjüngungstrank, den Faust in der Hexenküche trinkt, auch auf.

kannt, dessen Porträt ihn, schon einmal so grenzenlos ent-
zückte. Er will den Fremden, der sich vorher als den Gatten
dieser Frau ausgab, ermorden, indess Wagner entsetzt flieht.
Doch die Dolchstösse verwunden den Schlafenden nicht, der
lächelnd aufwacht und ihm seine linke Hand weist, die auch
gezeichnet ist. Dann erzählt er, dass er nur der Gatte seines
Weibes heisse; in Wirklichkeit sei sie noch unberührt. Faust
wird von der heftigsten Begehrlichkeit ergriffen. Auf seinen
Wunsch eilen beide zu Helene, die sie auf einer Rasenbank
schlummernd finden. Mit wachsendem Entzücken betrachtet
Faust die Schlafende. Sie erwacht und streckt ihm lächelnd
ihre Arme entgegen. Hier schliesst der III. Akt.[1])

Bei Beginn des nächsten Akts klagt Faust dem Fremden,
in welchem wir längst Satan selbst erkannt haben, dass Helene
sich vor ihm verberge. Endlich, da seine Sehnsucht auf das
höchste gestiegen ist, erscheint sie. Sie gesteht Faust ihre
Liebe, doch sei sie von so wilder Eifersucht erfasst, dass sie
nicht in seinen Armen ruhen könne, solange sein Weib lebe.
Daher wolle sie selbst sterben.

Faust beschliesst nach heftigem inneren Kampfe, sein
Weib zu töten, da ja Helene eine der vier Todsünden wohl
wert sei. Doch als ihm Käthe in ihrer holden Unschuld entgegentritt, vermag er die That nicht zu vollbringen. Da
zeigt ihm eine Erscheinung Helene, die verzweifelt auf sich
selbst den Dolch zu zücken scheint. „Ha! halte ein!" ruft
Faust und reicht seinem Weib den Giftbecher. Sterbend gesteht Käthe, dass sie guter Hoffnung sei. So hat Faust zwei
Todsünden gleichzeitig begangen, denn er hat nicht nur sein
Weib, sondern auch das keimende Leben in ihrem Schoss
getötet.

In der ersten Scene des V. Akts finden wir Faust in
einer Stimmung, in welcher Verzweiflung und Trotz ab-

---

[1]) Dass die Teufel in Gestalt eines schönen Weibes den Menschen
verführen, war ein alter Aberglaube. Auch in dem Volksbuch von
1587 treibt Faust mit dem Teufel Unzucht.

wechseln, auf einem Kirchhof. Plötzlich erscheinen Fackel-
träger: es ist der Leichenzug der ermordeten Käthe.[1]) Faust
schwelgt förmlich, wie er selbst sagt, in wildem Schmerz, bis
der blinde Diether, eine Pistole in der Hand, herbeistürzt.
Als er Fausts Stimme erkennt, umschlingt er ihn und will
ihn erschiessen. Sie ringen mit einander. Der Schuss geht
dabei los, und Diether sinkt tödlich getroffen nieder. Faust
hat die dritte Todsünde begangen! Wild rafft er sich auf
und ruft:

> „Doch Trotz sei dem geboten!
> Vier müssens seyn! — Bis dahin bleib' ich Meister!" (S. 160).

In einem erleuchteten Saal, in welchem wilde Tanzmusik
erschallt und seltsame, schwarze Masken sich bewegen, sucht
er seine Gewissensbisse durch Wein zu betäuben. Immer
höher steigt seine Angst. Er will beten und vermag es nicht.
Dann wieder von wilder Sinnlichkeit erfasst, will er Helene
umschlingen. Doch als er sie berührt, fällt ihre Maske herunter, und ein scheusslicher Totenschädel grinst ihm entgegen.

---

[1]) Diese Scene ist fraglos dem V. Akt von Goethes Clavigo entnommen. (Vgl. Der junge Goethe Bd. III. S. 431). Dort ruft Clavigo
aus: „Todt! Marie todt! Die Fackeln dort! ihre traurigen Begleiter!
— Es ist ein Zauberspiel, ein Nachtgesicht, das mich erschröckt..."
„Verschwindet, Geister der Nacht, die ihr euch mit ängstlichen
Schrecknissen mir in den Weg stellt — (er geht auf sie los) Ver-
schwindet! — Sie stehen! Ha sie sehen sich nach mir um! Weh!...."
und bei Klingemann Faust:
„Es ist ein Trugbild, meinen Geist zu lähmen,
Nichts Wirkliches! —
(er stürmt auf die Träger ein.)
Ha, fort, ihr Nachtphantome!
Erster Leichenträger. Was wollt ihr von uns?
Faust. Ha, ihr haltet Stand." (S. 155).
Wenn Faust dann ferner den Trägern zuruft:
„Bleibt, sag' ich! Oder bei dem Teufel drunten.
Ich mache alle euch zu Nachtgespenstern!" (S. 157).
mahnt uns diese Stelle wiederum an Hamlet.
Das Bild von der gepflückten Rose (S. 156) stammt aus Emilia
Galotti. Wir sehen also, dass Klingemann, um den Effekt dieser einen
Scene zu erhöhen, eine förmliche Blütenlese aus berühmten Klassikern
bringt.

Mit den Worten: „Das Lager ist bereit! Folg, Bräutigam,
hinab zur Feuerhochzeit!!" (S. 176) versinkt die fürchterliche
Erscheinung. Faust will fort eilen, doch „der Fremde schleudert ihn bei den Haaren auf die Bühne zurück", während
man die Uhr zwölf schlagen hört.

Mit Entsetzen[1]) erkennt jetzt Faust in dem Fremden
Satan, der ihm verkündet, dass sein Vertrag abgelaufen sei.
Als Faust einwendet, dass er nur drei Todsünden begangen
habe, erklärt Satan triumphierend, dass es seine schwerste
Sünde war, dass er diesen Vertrag überhaupt schloss. In
übermenschlichem Trotz richtet sich jetzt Faust auf und will
„die Hölle selbst zu Schanden machen:

So, wild und kühn, mein wildes Daseyn krönen,
Ich will's — der Faust! — und ewig dich verhöhnen!!" (S. 181).

Wütend schleudert ihn Satan in den Abgrund. Doch
während des Sturzes noch jubelt Faust auf: „Ha, hinab!
hinab!" (S. 182).

Dieser Faust, der in titanenhafter Kraft der Hölle noch
im letzten Augenblicke trotzt, ist so recht eine Gestalt im
Sinne der Stürmer und Dränger. Wir werden an Klinger
erinnert, bei dem der Höllenfürst, als ihm Leviathan Faust
vorstellt, bewundernd und anerkennend sagt: „Ein ganzer
Kerl." (S. 404).

So ist das ganze Drama, wenn es auch mannigfaltige
Anklänge an Goethe aufweist, andererseits viel Originelles
enthält, in der Hauptsache doch im Sinne Klingers abgefasst,
und es mag eine beabsichtigte Ironie des Grafen Hahn gewesen sein, als er zum Aerger des Dichters das Drama in
Altona unter dem Titel „Doktor Fausts Thaten und Höllenfahrt" aufführen liess.[2])

Was Klingemann erreichen wollte, ist ihm gelungen.
Sein Faust erwies sich als bühnenfähig und wurde oft auf-

---

[1]) Der Hohn, den der Fremde über Fausts Angst ausspricht, weil
der „mächtige Höllenzwinger" sich nun als „Gewürm des Staubes"
erweist (S. 179), erinnert an den Spott des Erdgeists bei Goethe.

[2]) Vergl. Adolf Meyer in der Gartenlaube 1873. S. 461.

geführt. Auch wir können der Technik des Dramas unsere Anerkennung noch heute nicht versagen. Alle Effekte sind allerdings so grell, wie nur irgend möglich, aber man kann nicht sagen, dass die Grenze des Lächerlichen überschritten ist. Von einer wirklichen Charakteristik der Personen oder Schönheiten der Sprache kann freilich nicht die Rede sein.

Als Versform ist der fünffüssige, reimlose Jambus gewählt, doch finden sich auch Ottaverime und gereimte Trochäen.

So grausig das Stück auch wirken soll — Klingemann[1]) sagt selbst einmal, er hätte es nicht für „nervenschwache Naturen" geschrieben —, sind doch sorgsam alle übernatürlichen Erscheinungen vermieden, die bei einer Aufführung Schwierigkeiten machen könnten. Ebenso wechselt die Scene in jedem Akt nur einmal. Wir sehen überall den fürsorglichen Theaterdirektor, der nur darauf bedacht ist, die Inscenierung seines Stücks möglichst zu erleichtern.

Eine scharfe Satire über den Klingemannschen Faust schrieb 1831 Friedrich von Sallet[2]) unter dem Titel: „Zubereitung des Klingemannschen Faust, eine Hexenscene". Hier trat Parisia, die Königin des Unsinns, mit den Hexen Fada, Annyanta und Absurda auf, um einen sinnlosen Trank zu brauen. Der Verstand kommt hinzu und spuckt hinein. Die Hexen sind untröstlich, weil das nun entstandene Werk, das sie Klingemann überreichen, doch einen kleinen Beigeschmack vom Verstande erhalten hat. Darauf beschwört Klingemann Melpomene, die in herrlicher Figur erscheint, sich aber unter seinen Händen in eine kleine, ekelhafte Zwergin verwandelt. Als man in des Dichters Nachlass das Manuskript dieser Scene durchsah, fand man von seiner eigenen Hand den Vermerk darauf: „Ungerecht und unbestimmt".

---

[1]) In dem Aufsatz „Ueber den Geist tragischer Kunst" (a. a. O. S. X).

[2]) Vergl. Sämmtliche Schriften hrsg. v. Th. Paur. Bd. IV. S. 6. 1847.

Klingemann selbst hat sich äusserst bescheiden über seinen Faust in den Reisebriefen[1] ausgesprochen. Er redet hier bewundernd von der Dichtung Goethes und fährt dann fort: „Mein Faust beschränkt sich dagegen auf die engen Grenzen des Dramatischen allein, und ich behandelte den Gegenstand in dieser Rücksicht als Volkssage für die Handlung, keineswegs aber als eine philosophische Aufgabe für die höhere Abstraktion."[2] In einem Brief aus Wien schreibt er dann, nur aus dem Grunde bereue er es nicht, den Faust geschrieben zu haben, weil Seyfried ihn so ausgezeichnet komponiert habe.

Trotzdem Klingemann nun wirklich auf Grund des Klingerschen Romans einen bühnenwirksamen Faust verfasst hatte, konnte es Julius von Voss nicht unterlassen, nochmals eine neue Bearbeitung Klingers zu versuchen. Diesen Faust, der ganz kläglich ausfiel und als „Trauerspiel mit Gesang und Tanz" in Berlin 1823 erschien, werden wir in einem spätern Kapitel behandeln müssen, da er zugleich an eine andere Faustdichtung anknüpft.

Bei den bisher betrachteten Faustdichtungen konnten wir überall einen überwiegenden Einfluss Klingers beobachten, während uns nur wenig an Maler Müller gemahnte. Es darf das freilich nicht Wunder nehmen, da von Müllers Faust ja nur Fragmente bekannt wurden. Um so bemerkenswerter ist es, dass noch ganz spät eine Faustdichtung an Müller anknüpft, auf die ich hier kurz hinweisen will, obwohl sie nach dem Jahre 1832, das die Grenze unserer Betrachtungen bildet, erschienen ist.

Der Verfasser ist Johann Karl Braun Ritter von Braunthal (geb. 1802 zu Eger, 1826 Erzieher in Breslau, 1829 in Berlin, dann in Wien, Dresden und Opoczno in

---

[1] „Kunst und Natur. Blätter aus meinem Reisetagebuche" Braunschweig Bd. I. S. 23. 1819.

[2] „Kunst und Natur" Bd. II. S. 246. 1821.

Böhmen, 1850 Bibliothekar in Wien, gest. daselbst am 26. November 1866 [1]).)

Er schrieb unter dem Namen Jean Charles eine grosse Anzahl zum Teil recht spannender, zum Teil aber auch sehr weitschweifiger Romane. Heute, wo diese längst vergessen sind, ist er in der Literaturgeschichte eigentlich nur noch durch seine Fehde mit Anastasius Grün und sein „Dichterleben aus unserer Zeit" [2]), das höchst paradoxe und unsinnige Urteile über Mozart, Schiller u. A. enthalten soll, bekannt.

Sein Faust erschien 1835 unter dem Titel: „Eine Tragödie von B. v. B".

Wie Müller versucht Braunthal bei Beginn seines Dramas geschickt exponierend, dadurch ein Bild von Faust zu geben, dass er ihn als Mittelpunkt des öffentlichen Interesses hinstellt. Die Philister sind von natürlichem Hass und Neid auf die Geistesgrösse dieses Mannes erfüllt, die Studenten vergöttern ihn. Wie bei Müller kommt Fausts alter Vater nach der Stadt, um seinen Sohn zu besuchen, und trifft erst mit Wagner im Wirtshaus zusammen. In einem Wald schliesst Faust unterdes mit Mephistopheles den Vertrag, nachdem ihm „schwelgerischer Vollgenuss, Gold und Ruhm" verheissen ist.

Doch nur dieser erste Akt ist Müller nachgebildet. Von nun an beginnt eine eigene Komposition. Faust entführt einem Grafen Robert seine Geliebte Bianka und beginnt diese wahrhaft zu lieben. Mephisto, dessen Pläne durch diese ernsthafte Leidenschaft bedenklich gekreuzt werden, sucht Faust durch neue Zerstreuungen abzulenken und bringt ihn in ein liederliches Haus in Paris, wo hoch gespielt wird. Hier trifft

---

[1]) Vergl. Wurzbach Bd. II. S. 121. Als unselbständige Auszüge der hier gegebenen Charakteristik erscheinen der Nekrolog in „Unsere Zeit" Leipzig 1867 S. 891 und der Artikel Rud. Falkmanns in Allg. deutsch. Biogr. Bd. III. S. 274.

[2]) Novelle. Leipzig 1842. Bösenberg. So gibt Engelmann in seiner Bibliothek (a. a. O. Bd. II. S. 59) den Titel an. Ich selbst habe das Buch nicht gelesen.

Faust mit Graf Robert zusammen und verwundet diesen schwer
im Zweikampf. Er muss fliehen und wird von Mephisto weit
fortgeführt.

Im Kloster von St. Just, in das sich gerade Karl V. zurückgezogen hat, finden wir ihn wieder. Seltsamer Weise
bringt Braunthal auch die Komödie von Karls Leichenbegängnis
ganz unvermittelt auf die Bühne.

Faust findet hier auch Bianka wieder, die schon vor zwei
Jahren einen Sohn geboren hat, den sie Juanito genannt hat.
Doch sollen die Wiedervereinigten sich nicht lange ihres Glückes
freuen, denn der inzwischen wahnsinnig gewordene Graf Robert eilt herbei und tötet erst den Knaben und dann sich
selbst. Bianka stirbt vor Schreck und Kummer.

Verstört und verzweifelt finden wir Faust am Ende des
Dramas in den Ruinen seines ehemaligen Hauses wieder. Er
leert eine Giftphiole und stirbt vor den Augen des treuen
Wagner. Dann heisst es: „Ein Blitzstrahl fährt neben Faust
in den Boden. Posaunenstoss. Ein Schatten schiesst aus dem
Hintergrunde auf die Leiche hervor; in demselben Augenblicke
erhebt sich am Haupte die leuchtende Gestalt Juanito's, einen
Palmzweig ausstreckend. Orgeltöne erschallen fernher, der
Schatten versinkt." (S. 152.)

So unbestimmt dieser Schluss auch klingt, können wir
doch aus ihm entnehmen, dass Faust gerettet wird.

Ich möchte den Braunthalschen Faust ein Gegenstück zu
Schönes Drama nennen. Wie Schöne den ersten Akt aus Klinger
entlehnt und daran eine selbständig erfundene Handlung
knüpft, so schreibt Braunthal die erste Scene ganz im Sinne
Müllers und fährt dann selbständig fort. Wie jener hat auch
er eine Episode aus der deutschen Kaisergeschichte ganz
äusserlich mit der eigentlichen Handlung zusammengeflickt.

So vermag ich diesen Faust seinem Werte nach kaum
über Schöne zu stellen, wenn die Sprache auch etwas weniger
trivial ist.

II

Faustdichter, welche nur äusserlich an die Stürmer und Dränger anknüpfen und ihren Faustdichtungen einen ganz neuen Inhalt zu geben versuchen.

A. W. Schreiber. Joh. Nep. Komareck. K. Fr. Benkowitz.
Niklas Vogt. C. D. Grabbe.

Die bisher betrachteten Faustdichter waren trotz mannigfacher eigener Zuthaten in der Hauptidee doch Müller und Klinger gefolgt. In diesem Kapitel werden uns Dichter beschäftigen, die den Stürmern und Drängern nur äusserliche Motive entlehnen und ihren Faustdichtungen ganz neue, originelle Ideen zu Grunde legen.

Am selbständigsten und freiesten behandelte den alten Stoff Aloys Wilhelm Schreiber (geb. 12. Okt. 1763 zu Kappel in B., studierte in Freiburg, Gymnasiallehrer in Baden-Baden, 1798 in Rastatt Mitarbeiter des Kongresshandbuchs, 1800 Gymnasialprofessor in Baden-Baden, 1805 Professor der Aesthetik in Heidelberg, 1812—26 grossherzogl. bad. Hofrat und Hofhistoriograph in Karlsruhe, seit 1826 pensioniert in Baden-Baden, gest. daselbst am 21. Okt. 1841).[1]

Seine ersten schriftstellerischen Versuche waren dramaturgische Arbeiten. So gab er 1788 ein „Tagebuch der Mainzer

---

[1] Vgl. v. Weech in Allg. deutsch. Biogr. Bd. XXXII. S. 471. Doch werden hier seine poetischen Versuche kaum erwähnt. Letztere sind am übersichtlichsten im „Nekrolog der Deutschen" 1841 Bd. XIX, S. 1293—97 zusammengestellt.

Schaubühne" und 1788—89 „Dramaturgische Blätter" in Frankfurt heraus, von welchen der erste Band[1]) der Frau Rat Goethe
gewidmet war. Unter der Flut von dramaturgischen Zeitschriften des XVIII. Jahrhunderts gehören diese Blätter trotz
des wichtigen, anmassenden Tones, in dem sie abgefasst sind,
zu den unbedeutendsten.

Aus dem Kolleg, das Schreiber in Heidelberg las, mag
wohl sein „Lehrbuch der Aesthetik" Heidelberg 1809 hervor-
gegangen sein. Das Buch ist ganz unselbständig und besteht
eigentlich in einer Sammlung verschiedenster, oft sich direkt
widersprechender Sätze anderer Autoren. Während einige
Stellen aus dem Laokoon und der Hamburgischen Dramaturgie
abgeschrieben sind, begegnen wir einer Menge von Anschauungen, die der Sturm- und Drangperiode angehören, und es
ist gerade das Interessanteste an dem Buche, zu sehen, wie
lebendig bei Beginn des XIX. Jahrhunderts noch die wirklich
grossen, ästhetischen Offenbarungen der Stürmer und Dränger
waren, die unter dem verheerenden Einfluss des unseligen
Klassicismus nur allzubald verloren gehen sollten.

Von den eigenen poetischen Werken Schreibers ist noch
weniger Rühmliches zu sagen. Er schrieb eine Unzahl unbedeutender Gedichte, in denen er mit Vorliebe Neckarthal und
Rhein besingt, und ebensoviele Novellen. Unter letzteren ist
am originellsten in der äusseren Fassung die Schiller gewidmete
„Reise meines Vetters auf seinem Zimmer".[2]) Bremen 1797.
Auch eine Anzahl kleiner Lustspiele verfasste er, die förmlich
von Tugend triefen und seiner Gesinnung alle Ehre machen,
dafür aber um so talentloser sind. Er selbst sagt von ihnen[3]):

---

[1]) Ich habe nur die ersten vom Juni bis Dezember 1788 erschienenen Stücke durchsehen können, die sich im Besitz der Frank-
furter Stadtbibliothek befinden.

[2]) Zu dieser Idee mag Schreiber vielleicht durch Maistres „Voyage
autour de ma chambre" 1794 (abgedruckt in „Oeuvres complètes du
comte Xavier de Maistre" Leipzig 1847) angeregt worden sein.

[3]) Vgl. Vorrede zu „Theaterstücke von dem Verfasser der dramaturgischen Blätter" Frankfurt a. M. 1789.

„Sie sind flüchtig gearbeitet. Wer, wie ich, in so mancherlei
Feldern des menschlichen Wissens herumschweifen muss, kann
sich nicht fixieren auf einem Gegenstand, kann nicht immer
Laune und Stimmung abwarten." Auf den naheliegenden
Gedanken, dann doch lieber gar keine Lustspiele zu schreiben,
kam Schreiber gar nicht, und das ist wieder charakteristisch
für seine Zeit, in der sich eben der Gebildete verpflichtet
fühlte, um jeden Preis einige Theaterstücke zu produzieren.

Sein interessantestes Werk sind seine „Scenen aus Fausts
Leben", die in Offenbach 1792 anonym[1]) erschienen. Das Buch
ist Goethe mit den Versen gewidmet:

> „O zürne nicht, dass ich mit Dir
> Nach einem Ziel zu laufen wage.
> Der ich noch keinen Kranz des Sieges trage!
> Vom Lorbeer, den Du nimmst, genügt ein Blättchen mir."

Die Scenen sind sämtlich in Prosa geschrieben und einfach aneinander gereiht ohne dass dabei irgendwie eine dramatische Technik angewandt wird. Vom Drama ist nur die
Form des Dialogs entlehnt, sonst ist der Charakter des Ganzen
romanhaft.

Wir sehen Faust vergeblich nach Befriedigung seines
Wissensdurstes, wie nach innerer Ruhe ringen. Er hat ein
Mädchen Namens Therese verführt, und diese hat ihm einen
Sohn geboren. Dieser Liebe überdrüssig, verlässt er das Mädchen und tritt, nachdem er von seinem alten Vater Abschied
genommen hat, eine längere Reise an. Vergeblich sucht er
nach Ruhe. Er vermag sie weder in der Stadt noch auf dem
Lande, weder in der Stille des Klosters noch an dem einsamen
Gestade der Ostsee zu finden. Nachdem er auch vergeblich
versucht hat, die ewige Wahrheit von dem Eingeweihten
eines Geheimbundes — vielleicht ist hier an einen Freimaurer-

---

[1]) Wenigstens trägt das Titelblatt nur die Anfangsbuchstaben
Schr. Engel erwähnt in der Faustbibliothek (a. a. O. No. 655) eine
spätere Ausgabe, die unter dem Titel „Gemälde im sanfteren Colorit
aus dem Leben des Schwarzkünstlers Faust" Offenbach 1794 mit dem
Namen des Verfassers erschien.

orden gedacht — zu erfahren, beschliesst er, nach Indien zu den Braminen zu gehen. Am Ufer des Ganges finden wir ihn wieder. Dort soll ihm ein Bramine den Weg ins Geisterreich zeigen. Vergeblich warnt der würdige Greis Faust, den entscheidenden Schritt zu thun. Schliesslich bescheidet er ihn in eine einsame Höhle. Hier vernimmt Faust eine unsichtbare Stimme, die ihn nach seinem Begehren fragt. Er erwidert, er wolle aus dem Kreise der Menschheit heraustreten. „Bedenke! Du bleibst Mensch und musst doch Verzicht thun auf die Leiden und Freuden der Menschheit, wenn Du den furchtbaren Bund mit Geistern knüpfen willst!" erschallt dieselbe Stimme warnend. (S. 72.) Da fragt Faust: „Habt ihr Wahrheit, die der Mensch nicht hat?" Und als er eine bejahende Antwort erhält, ruft er rasch entschlossen: „Ich bin Euer." Er soll nun zunächst eine Prüfung bestehen. Drei Tage soll er einen Weg wandeln, der ihn dann von selbst wieder in diese Höhle zurückführen wird. Er darf in dieser Zeit nur reines Quellwasser geniessen, soll jedes Vergnügen fliehen und „an nichts Theil nehmen, es mag gut oder böse seyn".

In glühender Sonnenhitze droht er zu verschmachten. Von den Bäumen hängen die herrlichsten Früchte herab, die ihn erquicken könnten, doch er darf sie nicht geniessen. Gegen Abend kommt er an eine einsame Hütte, in der ein schönes, junges Mädchen wohnt. Fern von allen Menschen ist sie hier in der Wildnis in holder Unschuld aufgewachsen. Sie empfindet eine aufrichtige Freude an dem schönen Fremdling, die sie in ihrer Naivetät gar nicht zu verbergen sucht, streichelt seine Wangen und küsst ihn. Die Versuchung wird immer stärker. Aber Faust entflieht ihr.

Am nächsten Tage findet er die kostbarsten Juwelen, die einen unermesslichen Wert besitzen. Lächelnd geht er an dieser Versuchung vorüber, die leicht ist im Vergleich zu dem, was er kurz vorher überstanden hat.

Am dritten Tage findet er einen schönen, schlummernden

Knaben. „Aber in eben dem Augenblicke kam eine Schlang
auf den Schlafenden zu. Mit einem Schlage seines Wander-
stabes hätte sie Faust lähmen und das schuldlose Kind retten
können, und schon hob sich sein Arm; aber eine unsichtbare
Macht schien ihn zu fesseln, und der holde Säugling lag in
seinem Blute.“ (S. 80)[1].

„Bang und düster, wie ein Mensch, der einen Mord auf
der Seele hat, irrt er fort“, von der Zuversicht getröstet, dass
sich auch dieses Rätsel für ihn lösen werde. Am Abend ge-
langt er an den Eingang der Höhle. Hier glaubt er aus der
Ferne die Stimmen Wagners, der auch bei Schreiber Fausts
treuester Freund ist, seiner Geliebten und seines alten Vaters
zu vernehmen, die ihn zur Umkehr mahnen. Doch nach
kurzem Zaudern betritt er die Höhle, und eine Stimme erschallt:
„Deine Prüfung ist vollendet. Du bist aufgenommen in un-
seren Bund“. (S. 83).

So scheint die Faustidee der Stürmer und Dränger von
Schreiber vollkommen umgekehrt zu sein. Denn während dort,
um Schopenhauersche Begriffe zu gebrauchen, die Faustsage
die denkbar grösste Bejahung des Willens zum Leben dar-
stellt, verneint hier Faust freiwillig den Willen zum Leben.
Erst auf dieser höchsten sittlichen Stufe eröffnet sich ihm der
Weg in die Geisterwelt.

Doch ein derartig tiefsinniges Problem zu behandeln, lag
Schreiber ferne. Hatte er doch schon in der Vorrede es
ausgesprochen, dass er nur die Idee ausführen wolle: Der
Mensch ist nicht gemacht für den Umgang mit höheren

---

[1] Faust handelt hier nach der erhaltenen Weisung, dass er sich
auch nicht um das Gute kümmern dürfe. — In Georg Forsters deutscher
Uebersetzung von Wilhelm Robertsons „Historischer Untersuchung über
die Kenntnisse der Alten von Indien“ stand auch der Satz: „Der
wahre Weise kümmert sich nicht um das Gute oder um das Uebel in
der Welt.“ (S. 307.) Doch ist es sehr fraglich, ob Schreiber dieses
Buch gekannt hat. Erschienen ist dasselbe wohl Ende 1791. (Die
Vorrede des Uebersetzers ist vom 1. Okt. 1791 datiert, während als
Druckjahr auf dem Titelblatt 1792 angegeben ist.)

Wesen und darf nicht ungestraft aus dem Kreise der Menschheit heraustreten. Und wie ungeschickt führte Schreiber diese
Idee aus!

Die unsichtbare Stimme in der Höhle fragt: „In welcher
Gestalt soll ich Dir erscheinen?“ (S. 83.) In seiner wahren
ätherischen Gestalt vermag Faust den Geist nicht zu sehen,
daher bittet er ihn, die Gestalt eines Jünglings anzunehmen.
Sein Wunsch wird erfüllt. Ein Jüngling steht vor ihm. Er
nennt sich Helim und sagt, dass er Fausts Schutzgeist sei.
Die Aufgabe der Schutzgeister ist, „Mut zu erregen in dem
Lebensmüden, Glauben in dem Zweifler“. (S. 85.) Sie „stehen
unter dem Willen des Schicksals, und dürfen nur leis eingreifen in die Räder der sittlichen Welt“. (S. 86.) Alle Menschen werden nach ihrem Tode Schutzgeister. Das Los eines
guten Menschen ist es, einen Edlen durchs Leben zu geleiten,
während der Bösewicht vielleicht dem eignen, durch des Vaters
Schuld verkommenen Sohn auf der Bahn des Lasters folgen
muss.

Das ist alle Aufklärung, die Helim zu bieten vermag.
Ein allmächtiger Geist, wie Faust ihn zu finden hoffte, ist er
nicht. Enttäuscht tritt Faust nun mit ihm die Weltreise an.
Doch er wird sogleich von neuem Unwillen erfüllt, da Helim
ihn nicht im Fluge durch die Lüfte tragen kann. Sie müssen
zu Fuss wandern, wie andere Menschen, und dürfen sich nur
mit vegetarischer Kost ernähren.

Erst jetzt werden Faust die Folgen seines Schrittes klar,
denn nur zu bald bemerkt er, dass er weder Trauer noch
Freude zu empfinden vermag. Er betrachtet aber nicht etwa
die Welt von einer geläuterten Höhe herab mit ruhiger Objektivität, sondern er empfindet diesen Mangel an Gefühl als
einen drückenden Zwang, der ihm sein Leben zur Qual macht.
Auch kann er nicht etwa zurück, sondern muss dieses freud-
lose Leben ganz durchkosten. So gleicht er dem Mann im
Märchen, der sein Herz verkauft hat. Fremd und teilnahms-
los sieht er die Seinen wieder, ohne ihre Freude mit zu em-

pfinden. Endlich wird er erlöst. „Ein Wetterstral fährt
nieder und tödtet ihn." Noch kurz vor seinem Tode vernimmt
er durch Helim die tröstende Nachricht, dass er der Schutzgeist des eigenen Sohnes werden solle.

Der Schreibersche Faust ist eine der originellsten Behandlungen, welche die Faustsage überhaupt erfahren hat.
Poetischen Wert hat er freilich gar nicht, und besonders tief-
sinnig ist er auch nicht. Die Grundidee war an und für sich
trivial, und die Durchführung ist vielleicht noch trivialer aus-
gefallen.

Von früheren Faustdichtungen hat Schreiber wenig benutzt. Wie bei Weidmann, hat Faust eine Geliebte und einen
Sohn. Durch Weidmanns Ithuriel mag Schreiber auch auf
den merkwürdigen Einfall gekommen sein, die Schutzgeister
eine so grosse Rolle spielen zu lassen. Von den Stürmern
und Drängern selbst hat er wohl nur ein einziges Motiv entlehnt: Mit vernichtendem Hohn und Spott hatten Müller
(S. 45) und Klinger (S. 229) in ihren Faustdichtungen Lava-
ters Physiognomik überschüttet. Auch Schreiber (S. 28), der
sicherlich Müller, wahrscheinlich aber auch Klinger kannte,
verspottet in seinem Faust Lavater.

Doch wendet er sich gegen die Stürmer und Dränger
überhaupt, wenn er sich über den bestehenden Rousseau-Kultus
lustig macht. Auch sonst finden sich viele satirische Anspiel-
ungen auf Unsitten und Uebelstände jener Zeit. z. B. auf den
Unfug, der vielfach in gelehrten Gesellschaften getrieben wurde,
den Druck der Zensur u. dgl. „Satiren auf die jetzige Welt
sind häufig eingestreut, aber mit feinerem Witze als der-
jenige ist, der in dem Werke des Herrn Klinger herrscht",
heisst es in einer sehr anerkennenden zeitgenössischen Re-
cension.[1]

Bezeichnend für den romanhaften Charakter des ganzen
Werkes ist es, dass einzelne Partien desselben ganz unver-

---

[1] Vgl. das „Journal von und für Deutschland." IX. Jahrg. 1792
S. 1041.

ändert in den Roman: „Faust der grosse Mann, oder seine
Wanderungen durch die Welt mit dem Teufel bis in die
Hölle" [1]) aufgenommen wurden. Einzelne Scenen von Schreiber
sind hier wörtlich abgeschrieben. Geändert ist der letzte in
Indien spielende Auftritt. Faust hat die Prüfung mannhaft
überstanden, muss aber in der Versammlung der Braminen
vernehmen, dass er die edelste Pflicht unerfüllt gelassen hat,
da er das Leben des unschuldigen Knaben nicht rettete.
Darauf wendet er den Braminen mit dem Ausruf: „Gehabt
euch wohl ihr Wortkrämer!" grollend den Rücken.

Der Verfasser oder vielmehr der Herausgeber dieses Buches
hat es gar nicht versucht, die einzelnen Stücke von Klinger
und Schreiber irgendwie zu verschmelzen, sondern hat sie
einfach bunt durcheinander gemischt. Eigne Zuthaten finden
sich fast gar nicht darin, doch sind einige Züge aus dem
Volksbuch, z. B. die Geschichte mit den Weintrauben und
Nasen, herübergenommen.

Den Inhalt des ganzen Buches würde man am besten
charakterisieren, wenn man ihm den Titel gäbe: Klingers
Faust der reiferen Jugend erzählt.

Nur flüchtig wollen wir eines Faustdichters gedenken, dessen Werk bald nach den Schreiberschen Scenen
erschien. Es ist Johann Nepomuk Komareck (geb. 1757
zu Prag, debutierte als Schauspieler 1776, später Mitglied der
Schauspielgesellschaften Ilgeners, Schönemanns und Secondas,
dann Buckdrucker in Pilsen. Ueber seine späteren Lebens-
jahre und seinen Tod ist nichts bekannt).[2]) Seine dramatischen

[1]) K. W. Hiersemann gibt in seinem Bücherkatalog Nr. 42 Leipzig
1888 eine Ausgabe dieses Buches vom Jahre 1798 (Wien) an. Andere
Drucke nennt Engel in der Faustbibliothek (a. a. O. Nr. 1376). Das
von mir benutzte Exemplar ist in Wien und Prag bei Franz Haas gedruckt. Der erste Band enthält ein Titelblatt und eine Vignette, die
sich auf Klingers Roman beziehen, der zweite solche Illustrationen zu
Schreibers Scenen.

[2]) Vgl. E. Kraus, „Joh. Nep. Komareck. Ein vergessner Dramatiker." (Beilage zur Bohemia 1888 Nr. 359) und „Jahresberichte

Arbeiten sind vollkommen wertlos und nun mit Recht vergessen. Auch er hat sich im Ritterdrama versucht und ein Stück „Ida oder das Vehmgericht" 1792 verfasst. Das Fragment eines anderen Ritterdramas „Helene von Althau" ist in seinem „Kleiner Beitrag zur teutschen Bühne." Pilsen, Klattau und Leipzig 1792 Bd. II. abgedruckt. Fürchterliche Spektakelstücke sind seine Dramen aus der Zeit des dreissigjährigen Krieges „Der Graf von Thurn" Leipzig 1793 und „Albrecht von Waldstein, Herzog von Friedland" Aufl. II. Leipzig 1793.

Sein „Faust von Mainz. Ein Gemählde aus der Mitte des fünfzehnten Jahrhunderts in vier Aufzügen." Leipzig 1794, stellt nur den Buchdrucker Faust dar. Uebersinnliche Elemente kommen in diesem rein bürgerlichen Schauspiele nicht vor. Die Hauptperson ist eigentlich Fausts Tochter Christine, die von vielen Freiern umworben wird und schliesslich ihre Hand dem braven Buchdruckerjungen Peter Schöffer reicht, der Fausts Erfindung vervollkommnet und die beweglichen Buchstaben erfunden hat.

Anklänge an die Stürmer und Dränger sind in diesem Drama nicht zu erkennen. Eigentlich ist dasselbe auch nicht zu den wirklichen Behandlungen der Faustsage zu rechnen, und nur der Vollständigkeit halber wird es hier erwähnt.

Näher als Schreiber und Komareck stand der Sturm- und Drangperiode K a r l   F r i e d r i c h   B e n k o w i t z (geb. 1764 zu Uelzen in Hannover, studierte anfangs Theologie, 1796 in Breslau, 1804 Kammersekretär in Glogau, gest. daselbst durch einen Sturz aus dem Fenster 19. März 1807).[1] Er ist einer der fadesten und seichtesten Nachfolger der Stürmer und Dränger.

Sein Hauptwerk war ein Roman, der zu den zahlreichen unter dem Einfluss von Schiller entstandenen Räuberromanen

für neuere deutsche Literaturgeschichte" Leipzig 1895. IV. 4. 1. — Herr Prof. Dr. Kraus war so gütig, mir ein Exemplar seines Aufsatzes mit einigen handschriftlichen Zusätzen zur Verfügung zu stellen.

[1] Vgl. Goedeke Grundriss Aufl. II. Bd. V. S. 491.

gehört: „Natalis oder die Schreckenscenen auf dem St. Gott-
hard. Eine Geschichte zur Beherzigung Aller, denen Gewalt
auf Erden verliehen ist." Leipzig 1800. Wir sehen hier
Räuber, die nicht nur auf Raub ausgehen, sondern sich wie
Karl Moor in der Rolle eines Weltverbesserers gefallen, indem
sie selbstsüchtige, grausame Menschen auszurotten, arme und
hilfsbedürftige zu unterstützen versuchen. Ein Hauptthema
des ganzen Buches ist der Satz, dass durch strenge Gesetze
und harte Strafen Verbrechen hervorgerufen, aber nicht ver-
hütet würden.

Rousseausche Ideen enthält seine ebenso weitschweifige
wie ideenarme Robinsonade[1]) in vier umfangreichen Bänden.
deren Held, wie Ardinghello, einen Freistaat auf einer herrlichen Insel gründet.

Auch die Abneigung gegen Voltaire scheint Benkowitz
von den Stürmern und Drängern geerbt zu haben, denn
Goedeke führt ein mir unbekanntes Buch von ihm an: „Geschichte eines afrikanischen Affen, genannt Muley Hassan.
vormals Arouet Voltaire." Berlin und Leipzig 1807.

Von seinen sonstigen Schriften ist noch zu erwähnen eine
sehr alberne und nichtssagende Biographie Savonarolas[2]), ein
neuer Don Quichote,[3]) in welchem er gegen die katholische
Kirche polemisiert, und Abbadonna, eine Sammlung von Dichtungen Youngs. Klopstocks, Schubarts u. a.[4])

Auch gab er verschiedene kunsthistorische Zeitungen
heraus z. B. den „Torso" und „Helios der Titan", die ebenso
unbedeutend waren wie seine preisgekrönte Schrift über

---

[1]) „Robert, der einsame Bewohner einer Insel im Südmeer. Ein
Robinson für Erwachsene." Halle 1795—98 Bd. I—IV.

[2]) „Savonarola, der Märtyrer in Florenz. Eine Wundergeschichte
aus dem fünfzehnten Jahrhundert." Leipzig 1801.

[3]) „Der teutsche Don Quichote oder Einer der Zwölfe. Eine Geschichte neuen Inhalts." Palästina 5755 oder 1806.

[4]) „Abbadonna, ein Buch für Leidende aus fremden und eignen
Schriften gesammelt vom Verfasser des Natalis." Teil I—II. Leipzig
1804.

Klopstocks Messias, von der A. W. Schlegel[1] vernichtend
sagte, sie hätte höchstens Anspruch auf den Preis der Plattheit.

So geistlos wie alle seine Werke ist natürlich auch sein
Faust. Derselbe erschien unter dem Titel „Die Jubelfeier
der Hölle, oder Faust der jüngere. Ein Drama zum Ende
des achtzehnten Jahrhunderts." Berlin 1801 anonym und
wurde dann unter demselben Titel 1808 mit dem Namen des
Verfassers nochmals gedruckt.[2])

Faust ist bei Beginn des Stückes mit einem äusserst
braven Weib Marianne vermählt und hat zwei erwachsene
Kinder Theodora und Xaver. Er hat soeben einen Prozess
gegen seinen Todfeind Rochus gewonnen und ist dadurch
mit einem Schlage ein reicher Mann geworden. Er befindet
sich in der übermütigsten Stimmung, so dass ihn Wagner, der
hier als Hausfreund der Faustschen Familie auftritt, an Horazens
„aequam memento servare mentem" erinnern muss.

Unterdessen schmiedet Rochus die raffiniertesten Rache-
pläne. Er beschliesst, den Versuch zu machen, Faust an
seiner empfindlichsten Stelle zu treffen und seine Kinder, die
der ganze Stolz ihres Vaters sind, zu Grunde zu richten. So
will er Xaver zum Spiel und den ärgsten Ausschweifungen
verleiten. Theodora aber soll durch seinen eigenen Sohn
Moritz verführt werden.

Der Zufall fügt es, dass sich Faust selbst in Rochus'

---

[1]) Jen. allg. Literat. Zeitung. 1797. Nr. 351. S. 309. Ebenso scharf
hat A. W. Schlegel in der Jen. allg. Liter. Ztg. 1799 (Nr. 3. S. 19)
Benkowitz' Aufsätze „Ein Gastmahl von mehr als sechs Schüsseln.
Mit traulicher Einladung an alle Freunde des höhern Genusses"
(Berlin 1797) verspottet. Diese anonym erschienene Sammlung erwähnt
Goedeke nicht, doch findet sie sich bei Rotermund „Das gelehrte Han-
nover" Bremen 1823 (Bd. 1. S. XXII) unter den Schriften von Benkowitz
verzeichnet.

[2]) Beide Drucke sind äusserst selten. Den gütigen Bemühungen
des Herrn Oberbibliothekars Dr. Schnorr von Carolsfeld gelang es, ein
Exemplar der ersten Ausgabe auf der Stadtbibliothek zu Hamburg
(Realkat. S. C. a. XII. 58.) ausfindig zu machen, das ich benutzen
durfte.

Tochter Paulina verliebt, ohne zu wissen, dass sie die Tochter
seines Todfeinds ist. Seine Liebe zu ihr wird so heftig, dass
er sein treues Weib Marianne verstösst, die sich freiwillig mit
der Scheidung einverstanden erklärt.

Diese Leidenschaft hat ihn eine Zeit lang so in Anspruch
genommen, dass er sich gar nicht um seine Kinder gekümmert
hat. Jetzt wird er plötzlich mit Entsetzen gewahr, dass sein
Sohn, durch Rochus zu allen möglichen Lastern verleitet, wie
ein Skelett ausgemergelt ist. Zugleich gesteht seine Tochter,
dass sie von Rochus' Sohn verführt und jetzt, da sie guter
Hoffnung ist, grausam verstossen ist. Doch noch nicht genug,
dass seine Familie mit Schande überhäuft ist, wird Faust
auch zum Bettler, denn der Prozess hat eine neue Wendung
genommen und ist endgültig zu Gunsten des Rochus ent-
schieden worden.

In diesem namenlosen Unglück bleibt sein einziger Trost
Paulina, deren Abstammung er unbegreiflicher Weise noch
immer nicht erfahren hat. Zu ihr, die ihn wirklich liebt, eilt
er jetzt hin und betritt ahnungslos das Haus seines Feindes.
Doch während er zu ihren Füssen niedersinkt, erscheint Rochus
und lässt ihn wie einen Hund durch seinen Diener aus dem
Hause jagen.

Bis hierher (das ist bis zum Ende des III. Akts) ist das
Stück wie ein ganz gewöhnliches, bürgerliches Drama ohne
das Eingreifen von übernatürlichen Mächten verlaufen. Nur
am Anfang des II. Akts ist eine Scene eingeschoben, in der
Satan, wie bei Klinger (S. 22), seinen ganzen Hofstaat ver-
sammelt hat und den Teufeln unter Anderm verkündet, dass
er „etwas vollbringen will, was die Erde, und die Hölle noch nie
sah"; er will nämlich einen Sterblichen verleiten, einen Bund mit
ihm zu schliessen, und ihn „mit allen Leidenschaften, mit Hass,
mit Liebe, mit Rachsucht, mit Furcht, mit Ehrgeiz, mit Geld-
durst, mit Hoffnungslosigkeit, mit Verzweiflung" so lange
geisseln, bis er bei ihm Hilfe suchen wird.

Von wildester Verzweiflung und glühendster Rachsucht

erfüllt, sucht jetzt Faust wirklich bei der Hölle Hilfe, und mittelst eines Zauberbuches, das ihm ein Jude verkauft hat, beschwört er Satan selbst. Er geht mit ihm einen Vertrag ein, den er mit Blut unterzeichnet, nach welchem er der Hölle nur auf so viel Jahre verfällt, als ihm der Teufel dient.

Nun kann er seine Rache kühlen. Er ermordet Rochus, dessen Seele Satan in die Hölle hinunterzieht, macht Moritz durch einen Trank wahnsinnig und heiratet Paulina.

Doch Ruhe hat er dadurch nicht gewonnen und wird von den heftigsten Gewissensbissen gequält, die er auch nicht dadurch zu ersticken vermag, dass er sich durch den Teufel Gog zu allen Schönheiten der Welt führen lässt.

Inzwischen ist Fausts Familie wieder glücklich geworden. Marianne hat sich mit Wagner vermählt und Theodora in ihrem Hause aufgenommen. Xaver und Moritz sind wieder gesund geworden, und dieser ist reuig in Theodoras Arme zurückgekehrt.

Am Schluss des V. Akts erscheint Satan und verkündet Faust, dass sein Vertrag zu Ende geht. Faust verfällt in eine fürchterliche Angst und versucht vergeblich zu beten. Mitten in der Nacht lässt er Paulina, Wagner, Marianne und seine Kinder holen, damit diese für ihn beten.[1]) Alle sinken betäubt nieder, als Satan erscheint, um Faust ewig in die Hölle zu führen. Faust wendet ein, dass er sich ihm nur auf einige Jahre verschrieben habe. Doch Satan erwidert triumphierend: „Weisst du nicht, dass ich der Vater der Lügen bin? Wer mein ist, der ist auf ewig mein."[2])

Das Stück schliesst wie Klingers Faust (S. 403) in der Hölle, wo alle Teufel mit Freudengebrüll Faust empfangen.

[1]) Diese letzten Scenen erinnern stark an Schillers Räuber und die Verzweiflung Franz Moors.

[2]) Diese Idee, Faust nur einen Vertrag schliessen zu lassen, der ihn auf wenige Jahre der Hölle überliefert, scheint Benkowitz für besonders geistreich gehalten zu haben, denn er sagt in der Vorrede, Faust müsse wahnsinnig sein, wenn er für wenige Jahre irdischer Herrlichkeit ewige Verdammnis eintauschen würde. Diese Klippe habe er zu vermeiden gesucht.

Alles in allem ist dieser Faust, der wie ein bürgerliches
Sittendrama von Lenz anhebt und dann so phantastisch schliesst,
ein ziemlich klägliches Produkt, und der Tadel, der in der
Neuen allgemeinen deutschen Bibliothek[1]) darüber ausgesprochen ist, durchaus gerechtfertigt. Die Charakteristik der
Personen ist ganz äusserlich, und die anfangs nicht ungeschickt geschürzte Handlung wird in den letzten Akten unsäglich schwerfällig weitergeführt.

Noch unbedeutender als die Arbeiten von Benkowitz
waren die dichterischen Versuche von Niklas Vogt (geb.
am 6. Sept. 1756 zu Mainz, schon 1779 Professor der Geschichte
an der Universität Mainz, dann Bibliothekar in Aschaffenburg,
später Geh. Legationsrat, Archivar und Schulinspektor, 1816
Schöffe und Senator der freien Stadt Frankfurt, gest. daselbst
am 19. Mai 1836. Er wurde auf dem Johannisberg begraben,
woselbst ihm sein Schüler, der Fürst von Metternich, ein
Denkmal errichtete.)[2]) Wegele[3]) zählt ihn zu den Histo-
rikern der Romantik, die „das Mittelalter zu glorifizieren und
so eine längst zertrümmerte Welt künstlich wieder herzustellen
und in die Wirklichkeit zu übertragen" versuchten.

So pries Vogt mit Vorliebe Napoleon als den neuen Karl
den Grossen, der allein Deutschland beglücken könne.[4]) Wenn

---

[1]) Bd. 73. S. 96–98.

[2]) Vgl. H. E. Scriba, Biographisch-literärisches Lexikon der Schriftsteller des Grossherzogthums Hessen. Darmstadt 1843. Bd. II. S. 751.

[3]) Fr. X. v. Wegele, „Geschichte der deutschen Historiographie"
München und Leipzig 1885. S. 987: „Ein Talent wie das von Niklas
Vogt, das nach längerer Ratlosigkeit allmählich in die »romantischen
Bahnen« einlenkte, liefert in seiner Zerfahrenheit und seinem Mangel
an aller Methode wieder nur einen Beweis, dass eine Stärkung und
Kräftigung von dort nicht mehr zu hoffen stand." Wesentlich gün-
stiger wird Vogt natürlich bei Görres, Histor. polit. Blätter beurteilt.
Vergl. Bd. III S. 766 ff., Bd. VII S. 147, Bd. XIV S. 207. Doch heisst
es auch hier (Bd. XXVII, S. 212), er sei „in mancher Beziehung ein
zerstreuter, flüchtiger, vager Aufzeichner" gewesen.

[4]) Vergl. das von ihm herausgegebene „Rheinische Archiv" Bd. I
Mainz 1810 S. 264. Andere Stellen über Napoleon ebenda Bd. II
S. 75 und Bd. IV. S. 48 („Ueber die Ahnen des Königs von Rom.")

er aber Napoleon in den überschwenglichsten Ausdrücken nicht
nur als grossen Mann, sondern direkt als den Erretter Deutsch-
lands[1] verherrlichte, so zeigt sich in dieser kläglichen Rhein-
bundgesinnung eine Verständnislosigkeit für die Aufgaben
deutscher Politik, die ihn ganz würdig erscheinen lässt, Metter-
nichs Lehrer zu heissen.

Auch seine poetischen Versuche sind von erschreckender
Zerfahrenheit und Unreife. Ich erinnere hier vor allem an
die dramatischen Scenen, die er unter dem Titel „Rheinische
Bilder" Mainz 1792 veröffentlichte.

Hier finden wir den ersten Aufzug eines Schauspiels
„Fust der Erfinder der Buchdruckerei"[2], eine Scene „Shake-
spears Beruf und Triumph"[3], in der der Verfasser gegen die
Stürmer und Dränger polemisiert, einige ganz unsinnige Scenen
„Heinrich Frauenlob oder der Sänger und der Arzt" und
schliesslich „Das Urteil von Paris. Eine Farce in drei Aufzügen." In dieser ganz verworrenen Farce bereist ein orien-
talischer Prinz unter dem Namen Paris die ganze Welt. Weder
am Hofe Katharinas von Russland und bei dem grossen König
in Sanssouci, noch bei dem Philosophen von Fernex findet er,
was er sucht. Glück und Frieden wird ihm erst in den
Armen eines Bauernmädchens, das er in Rousseaus Umgebung
kennen lernt. Endlich ist hier auch der Entwurf zu einem

---

[1] So schrieb er am Schluss seines Buches „Die deutsche Nation
und ihre Schicksale." Frankfurt a. M. 1810, das der französischen
Kaiserin gewidmet ist: „So lasst uns denn die Verbindung Napoleons
mit Louise zu gleicher Zeit als eine neue Verbindung der deutschen
und französischen Nation ansehen, und alles das Glück für unsere
Kinder davon hoffen, was wir so lange entbehren mussten. Die Väter
Louisens haben so lange Karls des Grossen Krone getragen. Napoleon
hat ihr durch seine Siege wieder Glanz und Würde gegeben. Das
Trauerspiel ist geendet, und der Ausgang verspricht uns eine bessere
Zukunft."

[2] Schon Engel hat in der Faustbibliothek (a. a. O. Nr. 1517) darauf hingewiesen, dass Komareck dies Fragment zu seinem Faust benutzt hat.

[3] Sehr komisch wirkt es, wenn Shakespeare hier auftritt und
selbst den Monolog „Sein oder nicht sein...." hält.

Trauerspiel „Aja oder die heimliche Ehe" mit einer sehr einfältigen Vorrede abgedruckt.

Schon vor den Rheinischen Bildern war Vogts „Gustav
Adolph König in Schweden als Nachtrag zur europäischen
Republik" Teil I—II Frankfurt und Mainz 1790) erschienen,
ein tolles Gemisch von Epos, historischer Erzählung und
Drama.[1] Auch Schlegel hat diesen Gustav Adolf in den
„Göttingischen Anzeigen von gelehrten Sachen" 1791 (St. 65,
S. 654) recensiert. Er macht hier zuerst einige durchaus
wohlwollende und anerkennende Bemerkungen über den Verfasser, fährt dann aber fort: „Allein des Wunsches wird sich
niemand entbrechen können, dass diese Kenntniss der damaligen
Lage und diese politischen Ideen uns unverfälscht gegeben
werden, ohne sie mit der Dichtkunst abentheuerlich zu gatten.
Das Gewand, das ihnen umgeworfen ist, sitzt ihnen unbe-
hülflich. Die Kunst liegt hier in beständigem Streit mit der
Geschichte, denn was historisch wahr oder wahrscheinlich ist,
bleibt oft ästhetisch unwahr und unwahrscheinlich, ja poetisch
hässlich und so umgekehrt."

Doch unter allem abenteuerlichen Zeug, das Vogt zu-
sammengeschrieben hat, ist doch das Unerhörteste das Fragment seiner Faustdichtung. Dasselbe ist in „Die Ruinen am
Rhein"[2] Frankfurt a. M. 1809 als „Der Färberhof oder die
Buchdruckerei in Maynz"[3] abgedruckt. Der Verfasser sagt
in der Vorrede, nachdem er von dem alten Volksbuch gesprochen
hat: „Auch mich hat die alte romantische Sage ergriffen; und
als zu der Zeit Mozarts Don Juan auf dem Theater erschien,

---

[1] Zugleich ist dieser Gustav Adolf zu den Dramatisierungen der
Geschichte Wallensteins vor Schiller zu zählen, da eine ganze Reihe
von Scenen Wallenstein zum Mittelpunkt hat.

[2] Ausser dem Faust ist darin noch ein Schauspiel „Die Brüder"
veröffentlicht, von dessen Unvollkommenheit, wie der Verfasser ver-
sichert, kein Mensch so durchdrungen sein könne, wie er selbst.

[3] Bei Goedeke (a. a. O. S. 376) ist die irrtümliche Ansicht ausgesprochen, dass dies nur ein Abdruck des schon erwähnten „Fust der
Erfinder der Buchdruckerei" sei.

welcher so viele Aehnlichkeit mit dem sogenannten Doktor
Faust hatte, wollte ich aus beiden ein Stück verfertigen,
worinn alles, was die dramatische Kunst, Musik, Mahlerei.
Dekoration nur Schönes, Groses und Magisches haben, an-
gebracht werden sollte. Und in der That gibt es sowohl in
der alten als neuen Geschichte oder Mythologie keinen Gegenstand, welcher der Kunst ein weiteres Feld zu Vorstellungen
darbietet, als eben dieser Doktor Faust." „Von diesem Gegen-
stande ganz eingenommen, wollte ich meinen Faust unter
dem Namen Dom Juan, durch die herrlichsten und genuss-
reichsten Situationen des menschlichen Lebens führen. Alles
was die Geschichte nur Groses, die heidnische Mythologie nur
Schönes und Reizendes hat, sollte wechselsweise in dem Stüke
vorgestellt, aber am Ende von einer himmlischen Erscheinung
übertroffen werden."

Schon nach diesem Programm kann man sich eine Vor-
stellung machen, wie wirr das Ganze ausfallen musste. Ich
will versuchen, den Inhalt ganz kurz zu skizzieren.

Das Stück beginnt mit einer Versammlung der Teufel,
in welcher Mephistofeles als sicherstes Mittel, die Menschen
zu verderben, die Buchdruckerkunst angibt und diese höllische
Erfindung Faust mitzuteilen verspricht. Mit wildem Geheul
stimmen die Teufel in den Gesang ein:

„a b c
d f g
e und h
l und k
Unser Kriegszeughaus sey
Schwarze Buchdruckerei." (S. 125.)

Faust hat sich bisher nur mit schlichtem Handwerk beschäftigt. Doch jetzt will er sich der Kunst und Wissenschaft
zuwenden, um den Stein der Weisen zu erfinden. Ihm erscheinen die vier Heiligen Hildegard, Katharina, Elisabeth und
Cäcilia als Vertreterinnen der vier Fakultäten. Sie vermögen
ihm das nicht zu bieten, was er sucht. Dagegen bringt ihm

die Negromantie Zauberbuch und Zauberstab und verheisst ihm überirdische Macht. Fausts Geliebte Namens Christine tritt auf und beklagt sich darüber, dass Faust sie nicht mehr liebe. Doch dieser fertigt sie kurz ab, bleibt in sehr schlechter Stimmung allein und singt:

> Keine Ruh bei Tag und Nacht,
> Nichts, was mir Vergnügen macht . . . ." (S. 155.)

Da stürzt Christine herbei und erzählt, dass ihr Vater, der Bürgermeister Zum Jungen herbeieile, um die Schmach der Tochter zu rächen. Die folgende Scene, in der Faust den Alten im Zweikampf ersticht und dann Peter Schöfer als zweiter Oktavio Christine schwört, den Mord ihres Vaters zu rächen, ist fast wörtlich aus Mozarts Don Juan genommen. Dann beschwört Faust „nach der schönen Arie aus Salieris Grotta di Trofonio" drei Teufel. Der schnellste Teufel, der so schnell ist wie menschliche Wünsche, muss Faust nach dem Blocksberg bringen, wo er inmitten eines Walpurgisnachtstrubels seine Seele dem Teufel verschreibt.

Bei Beginn des nächsten Aufzuges finden wir Faust und Wagner auf dem Kirchhof, wo Wagner, wie im Don Juan Leporello, auf Fausts Befehl das Bildnis des verstorbenen Alten zum Mahle einladen muss. Von dieser Scene an finden wir plötzlich nicht mehr die Namen Faust und Wagner, sondern es steht einfach dafür nur Juan und Leporello. Was noch folgt, ist zum grössten Teil aus dem Don Juan abgeschrieben.

Es lohnt nicht der Mühe, auf dieses unsinnige Zeug weiter einzugehen. Das ist nicht mehr Unklarheit und Verworrenheit, was aus diesem Vogtschen Faust spricht, sondern das scheint wirklichen Wahnsinn zu verraten. Vogt hat in der Vorrede gesagt, er habe diese Scenen unmittelbar nach einer schweren Nervenkrankheit geschrieben. Schon ein zeitgenössischer Recensent[1] hatte boshaft, aber treffend bemerkt,

---

[1] Vergl. „Bibliothek der redenden und bildenden Künste" Leipzig 1809 Bd. VI. S. 437–442.

dass man dieses deutlich aus seinem Opus erkennen könne
und nur dem Verfasser baldige Genesung wünschen wolle.

Dass Grabbe das Vogtsche Machwerk gekannt habe
und durch dasselbe zuerst auf den Gedanken gebracht worden
sei, Don Juan und Faust in einem Drama zu vereinigen,
ist nicht unmöglich und dürfte doch schwer festzustellen sein.

Es ist hier nicht der Ort, eine ausführliche Charakteristik
von Grabbes Werken zu geben, und doch müssen wir, wenn
wir seines Fausts gedenken, uns auch hier die Stellung kurz
vergegenwärtigen, die er in der deutschen Literatur einnimmt.
Es ist selbstverständlich, dass wir dabei an seine Dramen, die
er selbst für Meisterwerke hielt, und die wohl noch heute von
Einzelnen dafür gehalten werden, einen ganz andern Mass-
stab anlegen müssen als an die dilettantenhaften Versuche
jener Männer, die uns bisher in diesem Kapitel beschäftigten.

Wohl selten hat ein mittelmässiger Dichter noch lange
nach seinem Tode so widersprechende Urteile erfahren wie
Grabbe. Ich erinnere hier nur an die beiden extremsten, an
die abgeschmackt übertriebene Verherrlichung durch seinen
Herausgeber Blumenthal und an den vernichtenden Spott, den
Scherer so oft über den Dichter auszuschütten liebte. Man
hat ihn bald den letzten grossen Nachkommen der Sturm-
und Drangperiode und bald den Schöpfer einer neuen Epoche,
den Vorläufer Hebbels genannt. Den Begründer einer neuen
dramatischen Richtung vermag ich nicht in Grabbe zu sehen,
und ebensowenig kann ich den Zusammenhang mit Hebbel[1])

---

[1]) Wenn man bei einer so selbständigen Dichternatur, wie sie
uns in Hebbel entgegentritt, überhaupt nach einem Vorbild suchen
will, möchte ich ihn eher einen Nachfolger Heinrich von Kleists
nennen. Was die Stürmer und Dränger mehr instinktiv ahnten, ist
bei Kleist und Hebbel zur bewussten künstlerischen Ueberzeugung
geworden: dass das Gefühl die einzige Grundlage des Dramas, wie
aller Kunst überhaupt, bilde. Bei beiden ist die psychologische Detail-
zeichnung bis zur höchsten Meisterschaft entwickelt. Dazu fanden
sich bei Grabbe auch nicht einmal Ansätze. Im Gegenteil! er bedeutet sogar, was Schärfe der Charakteristik anbetrifft, gegen Lenz einen
Rückschritt.

entdecken, man müsste denn so trivial sein, zu behaupten, er liege darin, dass beide in ihren Stücken oft kraftgenialische Ausdrücke gebrauchen, wobei von Hebbel freilich nur Judith in Betracht käme.

Richtiger ist es, Grabbe den letzten Ritter der Genieperiode zu nennen. Doch möchte ich ihn direkt für eine Karikatur der Stürmer und Dränger erklären. Als jene Jünglinge sich in Strassburg von allem überlieferten Dogma, jeder kleinlichen Regel lossagten und den Namen Shakespeare auf ihre Fahne schrieben, da war das eine grosse befreiende That von epochemachender Bedeutung, da brauste es wie Frühlingssturm durch ganz Deutschland und von herrlicher Kraft zeugten die aufsprossenden Blüten, mochte auch noch so viel Unkraut darunter sein. Wenn aber Grabbe diese That ein halbes Jahrhundert später nachahmt und nun seinerseits auch glaubt, etwas Grosses geschaffen zu haben, so ist das einfach lächerlich. Es ist weiter nichts als alberne Renommage, wenn er bei Uebersendung seines „Herzogs Theodor von Gothland", der bezeichnender Weise gerade lebhaft an Titus Andronikus [1]) erinnert, am 21. September 1822 an Tieck [2]) schreibt: „Im Bewusstsein, dass ich wenigstens etwas Ausgezeichnetes. wenn auch nicht Gutes geleistet habe, fordere ich Sie auf, mich öffentlich für einen frechen erbärmlichen Dichterling zu erklären, wenn Sie mein Trauerspiel den Produkten der gewöhnlichen heutigen Dichter ähnlich finden."

Grabbe knüpfte allerdings nicht etwa an die Stürmer und Dränger an, sondern er kopierte sie, indem er denselben Prozess noch einmal durchmachte und wieder von dort anfing, wo sie begonnen hatten. Hatten jene nun ihrer ehrlichen Bewunderung für Shakespeare in den überschweng-

---

[1]) Auf diese Aehnlichkeit hatte schon Tieck hingewiesen. Vgl. „C. D. Grabbes sämmtliche Werke und handschriftlicher Nachlass." Herausgegeben und erläutert von Oskar Blumenthal. Detmold 1874. Bd. IV. S. 621.
[2]) Vergl. Grabbes Werke Bd. IV. S. 361.

lichsten Worten Ausdruck verliehen, so besass er die Unver-
frorenheit, 1827 einen Aufsatz „Ueber die Shakspearomanie"[1])
zu veröffentlichen. Die unsinnigen Ausführungen,[2]) mit denen
Grabbe sich nicht nur gegen den Shakespearekultus wendet,
sondern direkt den Dichterruhm Shakespeares zu verkleinern
sucht, erwecken den Eindruck, als wenn er von innerer Verzweiflung ergriffen wäre, weil er Shakespeare, der in Wirklichkeit doch sein Kunstideal ist, nicht erreichen könne, und
sich nun in ohnmächtiger Wut, die an Wahnsinn grenzt,
dafür an dem Andenken des grossen Dichters selbst rächen
wolle. Wie thöricht gerade in seinem Munde diese Ausführungen klingen mussten, sah er selbst ein, denn er schrieb
über diesen Aufsatz am 26. Juli 1827 an seinen Freund
Kettembeil[3]): „Zu meinen Stücken verhält sich derselbe ganz
curios." Gerade dieser Grund hat ihn wohl dazu bestimmt,
den Aufsatz nicht richtig zu datieren[4]) und in der Vorrede
zu bemerken: „Auch diese Abhandlung entstand vor mehreren
Jahren." So übernahm er nicht die volle Verantwortung
dafür, indem er das Ganze als ein frühes Jugendprodukt hinstellte.

Gerade aus diesem Aufsatz tritt deutlich der krankhafte
Geisteszustand hervor, in welchem sich Grabbe seit früher
Jugend befand, und der auch in seinen Dramen überall durch-
schimmert.

Gewiss soll hier nicht behauptet werden, dass er keine
dramatische Begabung besass. Die Volksscenen im Napoleon

[1]) Vgl. Grabbes Werke Bd. IV. S. 139.
[2]) Als Proben des tollen Zeugs, das Grabbe hier zusammenschwatzt,
mag nur die Erwähnung von zwei Stellen dienen, an denen er gerade
für den Mangel der Charakterisierungsgabe Shakespeares anführt, dass
man Rosenkranz und Güldenstern nicht von einander unterscheiden
könne (S. 161) und ein ander Mal behauptet, die Lektüre Niebuhrs
würde jedem die Volksscenen im Coriolan unerträglich machen.
(S. 159.)
[3]) Vgl. Grabbes Werke Bd. IV. S. 401.
[4]) Vgl. Oskar Blumenthal, „Nachträge zur Kenntnis Grabbes. Aus
ungedruckten Quellen." Berlin 1875. Nr. IV.

sind vortrefflich, und ebenso enthalten die Hohenstaufen einige
sehr wirksame Partien. obwohl hier mitunter auch die opern-
haftesten Effekte nicht verschmäht werden. Einzelne Scenen
in „Scherz, Satire, Ironie und tiefere Bedeutung" zeigen einen
geradezu köstlichen Humor. Die Sprache ist oft durch wirklich
überraschend kühne Bilder und geistreiche Bonmots ausgezeichnet, doch findet sich neben diesem Guten ebensoviel
Schwülstiges und Banales. Genau so zerfahren wie der ganze
Mensch ist auch sein dramatisches Talent. Daher ist ihm kein
einziges Werk gelungen, über das man eine ungetrübte Freude
empfinden könnte.

Unter seinen Dramen nimmt sein „Don Juan und Faust.
Eine Tragödie"[1] Frankfurt a. M. 1829 durchaus nicht den
ersten Platz ein.

Schon vor Grabbe hatte, wie wir sahen, ein anderer unklarer und unreifer Schriftsteller den Einfall gehabt, die Faust-
und Don Juansage zu verschmelzen, indem er von Mozart
selbst ausging. Auch Grabbe benutzte das Textbuch der
Mozartschen Oper, wenn er auch nicht wie Vogt wörtliche
Entlehnungen machte. „Unter den Namen Don Juan und
Faust, sagte der Verfasser in einer Selbstrecension[2]), kennt
man zwei tragische Sagen, von denen die eine den Untergang
der zu sinnlichen, die andere den der zu übersinnlichen Natur
im Menschen bezeichnet." „Die Komposition, die Verschmelzung
beider Sagen ist höchst genial, -- wir haben in den beiden
Hauptpersonen die Extreme der Menschheit vor uns . . . . ."
Grabbe wollte somit die beiden entgegengesetzten Triebe[3]),

[1] Vgl. Grabbes Werke Bd. II. S. 1—155.
[2] Vgl. Grabbes Werke Bd. IV. S. 432.
[3] Ganz unverständlich ist mir die Behauptung Blumenthals (vgl.
Grabbes Werke Bd. II. S. 4): „Der Ausspruch des Goetheschen
Faust: «Zwei Seelen wohnen, ach! in meiner Brust . . . . .» findet in
Grabbes «Don Juan und Faust» einen dramatischen Kommentar von
ausserordentlicher Tiefe und Genialität." Grabbe beabsichtigte ja gerade im Gegensatz zu Goethe diese beiden Seelen nicht bei einem
Menschen vereinigt zu zeigen.

von denen der Goethesche Faust bewegt wird, trennen und
jeden einzeln in zwei verschiedenen Personen — Faust und
Don Juan — verkörpern. Bei der Ausführung ist er jedoch
diesem Plan absolut nicht gefolgt. Denn wenn auch Don
Juan nur eine Natur ist, die „in derber Liebeslust sich an
die Welt mit klammernden Organen hält", so wird Faust
ebenso wie bei Goethe von beiden Trieben gleichmässig oder
vielmehr abwechselnd bewegt. Auch er entflammt in heftigster
Liebe zu Donna Anna, welche, von Don Juan mit seiner
Liebe verfolgt, diesen wieder liebt. Der Unterschied zwischen
Don Juan und Faust ist im Grunde der, dass der eine sehr
viel Glück bei Weibern hat und der andere nicht. Faust ist
zu unbeholfen und plump, und der wirkliche Gegensatz zwischen
beiden Charakteren scheint darin zu liegen, dass der eine die
ganze bestrickende Gewandtheit und Geschmeidigkeit des Süd-
länders besitzt, während der andere die bärenhafte Ungelenkig-
keit der germanischen Race repräsentiert.

Es wäre müssig, hier den Inhalt des ganzen Dramas zu
erzählen, nur einige Stellen wollen wir daraus hervorheben.

Die Exposition ist sehr ungeschickt. Don Juan lenkt den
Verdacht, den Lärm unter Donna Annas Fenstern erregt zu
haben, auf Faust, indem er zum Komthur sagt:

> „Wisst ihr denn nicht, dass jetzt ein grosser Magus,
> Gekommen aus Norddeutschlands Eiseswüsten,
> In Roma hauset und die Luft verpestet? . . . . .
> . . . . . Dem Habicht ähnlich
> Zieht er um Eure Tochter Zauberkreise." (S. 24.)

Dieser Don Juan ist wirklich ein Prophet ersten Ranges.
Erstens weiss er, dass Faust, der bei Beginn des Stückes noch
ganz still und zurückgezogen lebt, ein berühmter Magus werden
wird, und zweitens, dass er es dann versuchen wird, sich durch
Zaubermittel der Donna Anna zu bemächtigen.

In Wirklichkeit hat Faust weder Donna Anna gesehen,
noch von ihr gehört. Er hat sich bisher auch noch nie mit
Magie beschäftigt. Erst jetzt beginnt er die Beschwörung,

nachdem er zuvor über die Kurzsichtigkeit des menschlichen
Erkenntnisvermögens geklagt und dann eine höchst patriotische
Rede über Deutschland gehalten hat, die eine lobenswerte
Kenntnis der vaterländischen Geschichte verrät.

Der Spott, mit welchem der Teufel, der in Gestalt eines
schwarzen Ritters erscheint, Fausts Entsetzen verhöhnt, erinnert
flüchtig an die Begegnung des Goetheschen Faust mit dem Erd-
geist. Wie bei Goethe Mephisto in einem Spiegel Faust die
Gestalt eines schönen Weibes zeigt und ihn dann verjüngt, so
entzündet hier der Ritter durch ein Spiegelbild in Faust die
heftige Leidenschaft zu Donna Anna und verjüngt ihn später.

Von diesen drei Motiven hatte die beiden ersten, wie
wir schon sahen, auch Klingemann verwertet. An Klingemann werden wir ferner erinnert, wenn es bei Grabbe von
Faust heisst:

> „. . . . . Der wilde Graf,
> Der mit dem Angesicht, in dem es brennt und zuckt,
> Als wären Flammen alle seine Mienen,
> — — — — — scheint auch etwas
> Von Höllenschönheit an der Stirn zu tragen!" (S. 82.)

Wie bei Klingemann endlich tötet Faust hier sein Weib
aus Liebe zu einer Anderen.

Sonst findet sich bei Grabbe kaum etwas, was an frühere
Faustdichtungen mahnt. Desto treuer hielt er sich an das
Textbuch der Mozartschen Oper. So nahm er vor allem die
Kirchhofscene, in welcher Leporello das Steinbild einladen
muss, und die Schlussscene auf, in welcher der steinerne Gast
wirklich erscheint. Es war eine unglaubliche Naivetät, mit
der er in der erwähnten Selbstkritik schrieb: „Don Juan ist
ein Charakter, wie er vielleicht seit Shakspeare und Cervantes
nicht geschrieben worden." Im Gegenteil! Dieser Don Juan ist
gar keine originelle Schöpfung und in seinen Grundzügen einfach
der Mozartschen Oper entnommen. In der Charakteristik der
Personen liegt ja überhaupt die grösste Schwäche von Grabbes
dramatischem Talent, dessen Stärke sich mehr in der Entwicklung von Volksscenen zeigt, wozu sich im Faust wenig

Gelegenheit bot. Die Sprache erinnert kaum an die Stürmer
und Dränger. Wir vermissen die kühne Kraft, die selbst beim
„Herzog von Gothland" anerkannt werden muss, und finden
hier eigentlich nur ein ziemlich unerfreuliches Phrasen-
geplätscher. Einer Oper verdankte Grabbe die wesentlichsten Anregungen zu diesem Drama, und äusserst opern-
haft sind auch alle die Effekte, denen es einen geringen Grad
von Bühnenfähigkeit verdankt. Es ist im Grunde doch nichts
weiter, als ein Ausstattungsstück, und es ist kein Zufall, dass
man in unserer Zeit gerade in Meiningen den Versuch einer
neuen Bühnenbearbeitung gemacht hat.

Am Schlusse dieses Kapitels mag endlich noch auf die
zahlreichen Ballets und Possen hingewiesen werden, die den
Doktor Faust zum Helden hatten. Es wäre selbstverständlich
teils unmöglich, teils uninteressant, auch diese alle zu-
sammenfassen zu wollen. Ebensowenig gehören die zahlreichen Satiren — ich erinnere an Jens Baggesen, Harro
Harring, Ludwig Tieck u. a. — hierher, die unter ähnlichen
Titeln erschienen.

III.

Die Faustdichtungen von Joh. Fr. Schink und Julius v. Voss.

Einen besonderen Platz unter den Faustdichtungen nimmt das Drama von Schink ein, das an Lessing, Weidmann und das Volksschauspiel anknüpft, aber wenig Beziehungen zu den Stürmern und Drängern[1] aufweist.

Haben wir vorher im Grafen Soden einen charakteristischen Vertreter der zahlreichen, Dramen dichtenden Dilettanten kennen gelernt, so sehen wir einen Typus der Dramaturgen des XVIII. Jahrhunderts in **Johann Friedrich Schink** (geb. 29. April 1755 in Magdeburg, 1780 in Wien, 1789 von Schröder als Dramaturg nach Hamburg berufen, 1819 Bibliothekar in Sagan, gest. daselbst am 10. Februar 1835).[2] Sein erster grösserer poetischer Versuch „Adelstan und Röschen"[3], den er, wie er selbst sagt, „in zwey glücklichen Morgen" schrieb, und sein 1777 in Hamburg preisgekröntes Drama „Gianetta Montaldi" sind sichtlich unter dem Einfluss der Sturm- und Drangperiode geschrieben. Ich glaube nicht, dass Schink schon in diesen beiden Stücken die Geniedichter ver-

---

[1] Auf einzelne, ziemlich unwesentliche Reminiscenzen Schinks aus Müller und Klinger haben schon Seuffert (Deutsch. Liter. Denkm. a. a. O. S. XVIII) und Pfeiffer (a. a. O. S. 83) hingewiesen.

[2] Vergl. Franz Brümmer in Allg. deutsch. Biogr. Bd. XXXI. S. 297. Die hier gegebene Charakteristik ist sehr oberflächlich und enthält eigentlich nichts Wesentliches, was nicht schon im Neuen Nekrolog der Deutschen (Jahrg. 1835 S. 161) ausgesprochen ist.

[3] „Ein Trauerspiel mit Gesang nach Höltys Ballade." Berlin 1776.

spotten wollte, wie er das später mit leidenschaftlichem Un-
gestüm that. Dasselbe gilt von seinem 1778 gedruckten
Trauerspiel „Lina von Waller". Als er dies Stück fünf Jahre
später in seine Sammlung „Zum Behuf des Teutschen Theaters"
Graz 1782 aufnahm, bemerkte er freilich in der Vorrede, er
hätte mit diesem Stück „gegen das damals zur Mode gewordene Wertherfieber" zu Felde ziehen wollen und damit
die Absicht verbunden, „gegen das Geniewesen überhaupt
loszusteuern". Doch glaube ich, es wird ihm mit dieser
Dichtung ähnlich gegangen sein, wie es später Hauff mit
seinem „Mann im Monde" in Bezug auf Clauren ging:
macht er doch in derselben Vorrede das Geständnis: „In der
That hatte das grässliche Gesumse unserer Genies meinen
Kopf so wirblicht gemacht, dass, ohne es zu wissen, dies
Stück häufige Stellen, Wendungen und Züge voller Genie-
drang bekam." Im Jahre 1778 muss sich schon eine gewaltige
Wandlung in seinem literarischen Geschmack vollzogen haben,
denn noch in diesem Jahre gab er unter dem Titel „Marionettentheater" (Wien. Berlin und Weimar) eine geradezu masslose
Satire auf die Stürmer und Dränger heraus. Namentlich das
erste hier abgedruckte Stück „Hanswurst von Salzburg mit
hölzernem Gat"[1]) enthält die ärgsten Zoten. Der Verfasser
richtet sich vor allem gegen Goethes Götz, Wagners Kindes-
mörderin und Lenzens Soldaten und Hofmeister. Er weist
auf den unmoralischen Einfluss hin, den die letzteren aus-
üben könnten und geisselt die Auswüchse der Sprache des
Götz. So heisst es gleich im Prolog:

> „Und der Doktor Goethe ist doch ein Genie —
> (Sagen's ja alle Kritici!)
> Mischt in seinem Schauspiel, wie Heksel und Stroh,
> Zigeuner und Reitknechte. Pfaffen und Helden,
> Lassen sich auch — mit Ehren zu melden —

---

[1]) Gat bedeutet ursprünglich Loch, dann speziell foramen podicis
(vergl. Schiller-Lübben, Mittelniederdeutsches Wörterbuch. Bremen
1875 Bd. II). Wie Götz von Berlichingen eine eiserne Hand hat, besitzt hier Hanswurst einen hölzernen Steiss, weil ihm sein eigener
abgeschlagen ist.

> Die Helden im Arsch lekken, wie solches gar schön
> Im Götz von Berlichingen zu sehn.
> Und da nun alles Herr Göthen kopiret
> Und alle Völker von Sachsen an
>
> — — — — — — — — — — — — — —
>
> Den Narr'n an ihm gefressen ha'n —
> Und alles ihm hinten und vorn hofiret
> Und alles was schreibt ihn imitiret:
> So wird er auch von uns kopiret."

Erst im Epilog teilt Schink dann mit, dass er Goethe und Lenz sehr wohl zu schätzen wisse und ihrem Genie wohl manche Kaprice nachsähe; er richte sich nur gegen

> „die kleinen, nachkläffenden Hunde,
> Die ohne den Kopf, und ohn das Genie,
> Tyranisieren die Fantasie:
> Und denken, wenn sie nur hübsch ohne Regel
> Und ohne Zucht ins Gelag hinein
> Ihrer verbrannten Einbildungskraft Segel,
> In den Wind spannen — — — —
> So werden sie gleich Goethe und Lenze seyn."

Aehnlich zügellos mag wohl auch seine Parodie auf K. W. Brumbeys Minerva gewesen sein, die gleichfalls 1778 unter dem Titel „Kleine oder poetische Schweinereien, erstes und zweites Häufchen"[1] erschien.

Das Jahr 1778 war überhaupt für Schinks Entwicklung hochbedeutend. Denn ausser diesen Satiren, die anonym erschienen, gab er noch seine erste dramaturgische Abhandlung „Ueber Brockmanns Hamlet" heraus.

Von nun an fühlte er sich zum Dramaturgen berufen und sprach es auch 1782 in der schon mehrfach citierten Vorrede aus, dass er „mehr das Genie des dramatischen Kunstrichters als des dramatischen Dichters besitze." Er wurde bald von einer Art Grössenwahnsinn ergriffen und hielt sich für den einzig berechtigten Erben der Lessingschen Kritik. Ihn nennt er wiederholt seinen „Herrn und Meister"

---

[1] Vgl. H. Hayn, Bibliotheca Germanorum erotica. Aufl. II. Leipzig 1885. S. 279.

und sagt sogar einmal in seiner Lessingbiographie[1]), einen
Ausspruch Lessings citierend: „wie mein Vorgänger gesteht".
Er rühmte sich[2]), dass Lessing seine Gianetta Montaldi gelobt
habe und ihn dadurch in seinem Interesse an dramatischer
Kunst bestärkt habe.

Seine grössten dramaturgischen Zeitschriften: „Dramaturgische Fragmente" Bd. I—IV Graz 1781—84 und dramaturgische Monate" Bd. I—III Schwerin 1790 enthalten eine
Menge Lessingscher Ideen. So tadelt er Crebillon und Cor-
neille[3]) und verspottet wiederholt Voltaire.[4]) Fragen, ob
Geistererscheinungen[5]) auf der Bühne zulässig seien, inwieweit
sich der Dichter an die historische Wahrheit[6]) zu halten habe
und andere mehr entscheidet er ganz im Sinne der Hamburgischen Dramaturgie.

Von Lessing war ihm auch die grosse Verehrung für
Shakespeare eingeimpft. Schon seine ersten Dramen zeigen
den Einfluss Shakespeares[7]), seine erste grosse dramaturgische
Abhandlung war, wie wir sahen, über Hamlet, und unter
seinen späteren Schriften finden sich wiederholt Aufsätze über
Shakespeare. Aber trotz aller Begeisterung, trotz vieler

---

[1]) Zuletzt abgedruckt als Bd. XXXI von Lessings Schriften Berlin
bei Voss 1825 (Vgl. S. 75).

[2]) Fragmente Bd. II. S. 383.

[3]) Fragmente Bd. III. S. 704.

[4]) Monate Bd. II. S. 365. Lessingbiographie S. 52. 89. 257. Marionettentheater S. 16. 23. 55.

[5]) Monate Bd. II. S. 365.

[6]) Vergl. Vorrede zu „Ein Grab mit der Geliebten". Romantisches
Trauerspiel. Berlin 1821. Dies Stück hat Schink nach dem spanischen
Drama, wahrscheinlich von Coello „Dar la vida por su Dama, el Conde
de Sex; de un Ingenio de esta Corte" verfasst, das Lessing in der
Hamburg. Dramat. S. 60—68 ausführlich besprochen hat.

[7]) Die Scene in „Gianetta Montaldi", in welcher Gianetta ihren
Gemahl bittet, dem Grafen Paduano zu verzeihen (II 8), erinnert offenbar an Othello, während in „Lina von Waller" die Scene zwischen
Sievers und dem Arzt (III 8) grosse Aehnlichkeit mit der Scene
zwischen Romeo und dem Apotheker in Mantua hat.

feinsinniger Bemerkungen [1]. die Schink über Shakespeare
macht, verrät er gerade hier die Grenzen seiner Begabung und seine eigentliche Beschränktheit, wenn er erklärt, Shakespeares Schauspiele, wie sie da lägen, seien
schlechterdings nicht für den Zuschauer eines gebildeten Zeit-
alters [2]. Ein Bearbeiter von Shakespeare müsste „ihn nicht
reden lassen, wie er redet, sondern wie er geredet haben
würde: wenn sein Genie kultivirter, wenn er zu andern Zeiten
und unter andern Umständen wäre geboren worden." [3] Daher
ist Schink von Schröders Bearbeitungen entzückt und hat
selbst einige solche Umarbeitungen verfasst, so von „Coriolan" [4],
dem „Sturm" und „Der Widerspenstigen Zähmung" [5]. Auch
übersetzte er die Hexenscenen aus dem Macbeth [6] und be-
arbeitete die Kirchhofscene im Hamlet [7] in recht banaler
Weise. Doch muss man, um Schink gerecht zu werden,
daran denken, wie wenig reif für Shakespeare das Publikum
damals war [8], und wie es sich beispielsweise von Othello, der
am 26. Oktober 1776 in Hamburg gegeben wurde, mit so

[1] Sehr gut ist z. B. die Bemerkung über den Narren im Lear
(Monate Bd. 1. S. 147) und über Polonius (Fragmente Bd. 1. S. 226).
Die Lehren, die Polonius dem Laertes gibt, werden als einer der wenigen
Lichtblicke des jetzt kindisch gewordenen Greises erklärt.
[2] Monate Bd. I. S. 153.
[3] Fragmente Bd. II. S. 310.
[4] Vergl. R. Genée a. a. O. S. 266 und S. 284.
[5] „Die bezähmte Widerbellerin oder Gassner der Zweyte." Lustspiel München 1783. Die Handlung ist hier in die Gegenwart verlegt.
[6] Fragmente Bd. II. S. 317.
[7] Fragmente Bd. I. S. 168. Einen besonderen Effekt glaubte
Schink dadurch zu erzielen, dass er Hamlet nach der erschütternden
Scene an Ophelias Grab in einem Monolog süsslich sentimentale Betrachtungen darüber anstellen lässt, dass Ophelias Schädel bald dem
Yoriks gleichen werde.
[8] Sehr charakteristisch ist der „Auszug eines Schreibens von
einem Theaterfreunde in Wien an den Herrn Schink über seine dramaturgischen Fragmente" im „Tagebuch der Mannheimer Schaubühne"
(a. a. O. II. S. 189). Der Verfasser wendet sich gegen die Behauptung
Schinks, Shakespeare sei ein unerreichter Schöpfer von Charakteren,
und sucht darzulegen, dass Shakespeares Dramen gar nichts wert seien.

beispiellosem Schaudern abwandte, dass Schröder sich genötigt
sah, einen neuen, versöhnenden Schluss zu dichten, um das
Stück weiter aufführen zu können. [1])

Man kann sich leicht vorstellen, wie ergrimmt Schink
über die Stürmer und Dränger war, weil sie gerade das, was
er schon bei Shakespeare abstossend fand, masslos outrierten.
Schon im Marionettentheater[2]) hat er darüber gespottet, und
neue Ausfälle enthielt sein „Theater zu Abdera".[3]) Dieses
Buch war eine direkte Nachbildung von Wielands Abderiten,[4])
obgleich der Verfasser sich in der Vorrede ausdrücklich dagegen verwahrte, dass er Wieland nachahmen wolle. Schink
parodierte hier mitunter sehr glücklich die Sprache der Stürmer
und Dränger.[5]) Auch durch diese Anklage- und Streitschriften[6])

Es findet sich der hübsche Satz: „Verschiedene Kunstrichter behaupten,
Voltaire habe nach dem Charakter des Othello seinen Orosmann gebildet. Wenn es wahr ist, gereicht es Voltairen gewiss zur Ehre, dass
er auf diesem Mistbeete eine so geniessbare, herrliche Frucht hervor-
bringen konnte."

Prof. Strobel im Censor (a. a. O. IV. S. 188) bespricht eine Aufführung der bezähmten Widerbellerin und lobt Schink, dass er „das
Monstrum von weiblicher Zanksucht für unsere Sinne erträglicher
dargestellet." Auch er meint, Shakespeare könne in einem gesitteteren,
feineren Zeitalter nicht ohne weiteres goutiert werden.

[1]) Vergl. R. Genée a. a. O. S. 246 und B. Litzmann, „Friedrich
Ludwig Schröder". Teil II. Hamb. und Leipz. 1894 S. 209.

[2]) Vergl. a. a. O. S. 33. Schink lässt seinen Hanswurst im Othello
besonders die Stelle: „The beast with two buks" bewundern.

[3]) Bd. I. Berlin und Liebau 1787. Die Abderiten wählen hier aus den
Dramen des Aeschylos gerade „die ungeheuersten und wildesten Stellen"
aus. (S. 24.)

[4]) Auch Wieland hatte in seiner „Geschichte der Abderiten" manches
gesagt, was nur auf die Stürmer und Dränger zielen konnte. Vergl.
z. B. Buch III, Kap. III.

[5]) Z. B. Als der Schauspieler Strepsiades erfährt, dass seine Tochter
Myris, deren Statue als Bildsäule der Tugend aufgestellt werden soll,
schwanger ist, ruft er aus: „Alekto, Megäre, Thisiphone! Schwanger?
Nun so werde Himmel und Erde, Sonne, Mond und Sterne, die Ober-
und Unterwelt, der alte Charon und Cerberus, alles, was Odem hat —
schwanger."

[6]) Eine bisher noch gar nicht beachtete Verspottung der Genieperiode fand ich in einer Scene, die in Reischels Theaterbriefen (a. a. O.

meinte Schink sicherlich vollkommen im Sinne Lessings zu
wirken. Besorgt hatte Lessing auf das Treiben der jungen Dramatiker geblickt. Er musste fürchten, dass diese schrankenlos
dahinstürmende Jugend sein grosses Lebenswerk wieder zer-
trümmern würde. Doch hielt er mit seiner Kritik ausser-
ordentlich zurück, nur im Freundeskreise machte er seinem
inneren Groll wohl durch den Scherz Luft: „Wer mich ein
Genie nennt, dem geb ich ein paar Ohrfeigen, dass er denken
soll, es sind vier." [1]

So hielt Schink es noch für seine heilige Pflicht, gegen die
Stürmer und Dränger zu Felde zu ziehen, als er längst hätte
einsehen können, dass keine Gefahr mehr von dieser Richtung
für Deutschland drohe. Er besass aber ebensowenig Verständnis für die grossen Errungenschaften dieser Periode, als er
später die Romantiker verstehen konnte, die er gleichfalls
aufs heftigste angriff. [2]

II. S. 29) abgedruckt ist. Ein Tragödiendichter kommt in die Unterwelt und teilt dort Charon mit: „Die Stücke aus den Ritterzeiten sind
itzt die Lieblingswaare und Natur, Natur ist die Muse, die unsere Genies begeistert." Dann trifft er Lessings Schatten und fragt ihn, ob er sich
noch des „frappanten Zugs" im Götz erinnere. Als Lessing erwidert,
er wüsste nicht was er meine, ruft der Geniedichter begeistert aus:
„Welcher könnte es seyn, als die erhabne Stelle, wo Götz dem Anführer des Rittertrupps aus seinem Burgfensterlein zuruft — — —!
Diese unnachahmliche Stelle, eine der glücklichsten Eingebungen der
tragischen Muse, hat der Verfasser in der neuesten Ausgabe seines Stücks
durchgestrichen." Reischel sagt, er hätte diese Scene aus der Schrift eines
Andern entlehnt. Mich erinnert dieselbe so lebhaft ans Marionettentheater, dass ich glaube, Schink müsse der Verfasser sein. Dafür würde
auch der Umstand sprechen, dass gerade Lessing gegen die Stürmer
und Dränger angeführt wird.

[1] Vergl. Erich Schmidt, Lessing Bd. II Berlin 1892 S. 229.

[2] Er that dies vor allem in der platten, witzlosen Farce „Hamlet,
Prinz von Dänemark" Aufl. II, Berlin 1800 (anonym), die namentlich
Angriffe gegen Cramer, Fichte, Tieck und Schelling enthielt. Aehnlich
wird wohl auch der von H. Hayn (a. a. O. S. 305) erwähnte satirische
Roman „Peter Strohkopf" Teil I–III Göttingen 1801 gewesen sein.
Auf eine andere Verspottung der Romantiker in der Neuen allg. deutsch.
Bibl. (Bd. 103 S. 44–50) hat A. Koberstein im Weimarschen Jahrbuch
Bd. III 1885 S. 202 hingewiesen.

Wie kam nun dieser Mann, der nur an Dichtern wie
Beil, Iffland, Schröder, Kotzebue und Konsorten Geschmack
fand[1], auf den Einfall, einen Faust zu schreiben? Die Frage
ist sehr leicht zu beantworten! Sein Herr und Meister hatte
Scenen aus einem Faust veröffentlicht, also fühlte er sich verpflichtet, auch eine Bearbeitung dieses Stoffes zu versuchen.
Jahre lang liebäugelte er mit dieser Idee, ohne sich recht an
die Ausführung zu wagen.

Als er 1778 „Doktor Faust. Ein komisches Duodrama" in
Reichardts Theaterjournal[2] veröffentlichte, fügte er hinzu:
„Dass Sie aber ja keinen Faust von der Art erwarten, wie
ihn Lessing, Göthe und Müller bearbeiten. Zu einem solchen
hab' ich nicht die Kräfte." „Mein Faust sollte nichts seyn,
als eine Pläsanterie, ein Witzspiel, ein Ding, das zu lachen
macht, und die erste Ausführung der Grille, das musikalische
Duodrama komisch zu behandeln." In der That haben wir
nur eine Posse vor uns, in der eine in Faust verliebte Obersten-
witwe Rosalinde dem gelehrten Doktor in verschiedenen Ver-
kleidungen als fahrender Schüler, Teufel und Helena erscheint,
um sich schliesslich mit ihm zu verloben.

Etwas umgearbeitet erschien 1782 dieses Duodrama in
der Sammlung „Zum Behuf des Teutschen Theaters" (S. 303)
als „Der neue Doktor Faust, eine Pläsanterie mit Gesang in
zwei Aufzügen". Hier ist eine dritte Person, Rosalindens
Bruder Fritz, „Doktor Fausts Hauspursche", eingeführt.[3] Auch
jetzt sagt Schink noch in der Vorrede: „Dass übrigens der
Held dieser Pläsanterie nicht der berüchtigte Doktor Faust
sei, giebt der Titel des Stüks schon. Zu einem Thema, wie

---

[1] Sein Ideal war Diderots Hausvater, für den das Publikum des
XVIII. Jahrhunderts überhaupt grenzenlos schwärmte. Vgl. Fragmente
Bd. III. S. 697—700.

[2] „Theaterjournal für Deutschland." Gotha bei Ettinger 1778 St.
VI S. 18.

[3] Als eine Bearbeitung dieser Posse müssen wir fraglos das in
Scheibles Kloster (Stuttgart 1847 Bd. V) abgedruckte Lustspiel mit
Arien „Johann Faust oder der gefoppte Doktor" ansehen.

jenes, fül ich meine Kräfte viel zu schwach; habe die Kühnheit, einen Stoff zu bearbeiten, den Lessing bearbeitet hat,
wer will, ich nicht!"

Er gelangte schliesslich aber doch zu dieser Kühnheit,
denn 1795 veröffentlichte er einen „Prolog zu einem dramatischen Gedicht Doktor Faust"[1]) und im folgenden Jahre
einige andere Scenen „Doktor Fausts Bund mit der Hölle.
Ein kleines Ganze aus einem grösseren." Dies waren seine
ersten Versuche, die Faustsage ernsthaft zu bearbeiten.[2]) Von
der alten Posse konnte er natürlich bis auf wenige Verse gar
nichts brauchen. Auf eine Inhaltsangabe dieser Scenen ver-
zichte ich, da er dieselben später in seinen vollendeten Faust
aufnahm.

Im folgenden Jahre (1797) brachte Schillers Musenalmanach unter der Aufschrift „Schinks Faust" ein Xenion
(S. 267):

„Faust hat sich leider schon oft in Deutschland dem Teufel ergeben,
Doch so prosaisch noch nie schloss er den schrecklichen Bund."

Ebenso schroff urteilte A. W. Schlegel im Athenäum
(1799 Bd. II S. 319): „Dem Dramaturgen Schink ist aus seinem
Faust, an welchem er verschiedene Jahre gearbeitet, und wo-
von er in Zeitschriften Proben gegeben hat, unter den Händen
ein travestirter Hamlet geworden. Man behauptet, es würde
auf alle Fälle auch nur ein travestirter Faust geworden sein.
Aber freilich gibt es Travestien, die es sind, ohne zu wollen,
und andere, die gern möchten, und nicht können."

Doch unbeirrt arbeitete Schink an seinem Faust weiter
und veröffentlichte das ganze Werk endlich 1804 in zwei

---

[1]) In „Berlinisches Archiv der Zeit und ihres Geschmacks" 1795
Bd. II. S. 451—65 und 1796 Bd. II S. 70—84.

[2]) Plümicke („Entwurf einer Theatergeschichte von Berlin" 1781
S. 341) zählt erst die bis 1781 erschienenen Werke Schinks auf und
nennt dann seine noch ungedruckten Manuskripte. Unter letzteren
erwähnt er „D. Faust, ein allegorisches Schauspiel mit Gesang." Diese
Mitteilung Plümickes beruht wohl auf einer Verwechslung mit dem
Duodrama, das Schink damals umzuarbeiten begonnen haben mag. An
ein ernstes Faustdrama wird er damals noch nicht gedacht haben.

Bänden unter dem Titel „Johann Faust. Dramatische Phan-
tasie, nach einer Sage des sechzehnten Jahrhunderts." Die
Dichtung ist dem Grafen Karl Harrach in Wien gewidmet.
In dem Prolog, der diese Widmung enthält, spricht Schink
von seinem Faust als

> „von der kühnen — meine Sehnsucht band
> Lessings Schatten! — scheu gewagten Reise."

Der eigentlichen Handlung geht ein Vorbereitungsspiel
voraus. Wie in Lessings von seinem Bruder veröffentlichten
„Vorspiel,"[1]) sitzen die Teufel um Mitternacht beratend auf
einem Altar. Die einzelnen Teufel berichten Satan, wie bei
Lessing, ihre Thaten. Da erscheint Mephistopheles und erzählt triumphierend:

> „Mir ist geglückt, was die vergebens wagten:
> Ein Geistermord, wie, seit Jahrtausenden,
> Hier keiner noch gelungen ist." (I. S. 16.)

. Es ist ihm geglückt, Faust an den Rand der Verzweiflung zu bringen. Die andern Teufel haben vergeblich versucht, Faust zu verführen, so lange er noch im Vollbesitz
seiner Kraft war. „Gesunde Geister täuscht man nicht."
Daher hat Mephisto ihn erst in einen Sinnestaumel geführt,
der seinen Körper zerüttet hat. Sein Vermögen hat Faust
dabei verschwendet und wird jetzt, von schadenfrohen
Wucherern[2]) aufs äusserste bedrängt, zur schwarzen Kunst
seine Zuflucht nehmen. Wie Lessing[3]) beabsichtigte, unmittelbar nach der Versammlung der Teufel einen Engel verkünden
zu lassen: „Ihr sollt nicht siegen", so erscheint auch hier
nach dieser Scene Fausts Schutzengel Ithuriel, der verkündet,
dass er Faust durch ein reines Weib erretten will. So würde

---

[1]) Vergl. Lessings sämtliche Schriften hrsg. von K. Lachmann.
Aufl. III, Stuttgart 1887, Bd. III, S. 380.

[2]) Diese äussere bedrängte Lage Fausts erinnert wieder an Müller
und Klinger.

[3]) Wenigstens erwähnt dies J. J. Engel in dem auch Schink natürlich bekannten Brief an Lessings Bruder. Vergl. Lessings Schriften a.
a. O. Bd. III. S. 389.

uns hier zum ersten Mal in der ganzen Faustliteratur der Gedanke entgegentreten, Faust durch die Liebe eines Weibes zu entsühnen. Doch lag ein so tiefsinniger Gedanke Schink sicherlich ferne. Er nahm nur einen Gedanken von Weidmann wieder auf, indem er die Figur des Ithuriel zwar auch beibehielt, aber im wesentlichen nicht ihm, sondern Fausts Jugendgespielin Mathilde die Rolle eines Gegenspielers[1]) gegenüber Mephisto zuwies.

In der nächsten Scene finden wir Faust in Wittenberg in seinem Studierzimmer. „In wilder Lüste Strudel" ist die hohe Thatkraft seines Geistes untergegangen. Er will sich „der Hölle schwarzen Künsten" zuwenden. Die Erregung, in die er beim Anblick der Zauberbücher gerät, mahnt an das Entzücken, mit dem das Zeichen des Erdgeists den Goetheschen Faust erfüllt. Unsichtbare Stimmen, die ihn warnen, erschallen. Da stürzt sein Famulus Eckard herbei[2]), der geglaubt hat, „des Gerichts Posaune" zu vernehmen. Schon durch den Namen deutet Schink an, welche Rolle er diesem Famulus zugedacht hat. Faust soll also von drei Schutzgeistern umgeben werden, einem überirdischen — Ithuriel — und zwei irdischen — Mathilde und Eckard.

Da Eckard durch sein frommes Zureden Faust nicht zu überreden vermag, kündet er ihm entrüstet den Dienst auf.

---

[1]) Auch Collin dachte einmal daran, einen Faust zu schreiben und darin Mephisto einen Gegenspieler gegenüberzustellen. Er sagte darüber: „Wenn ich einen Faust schreiben wollte, so würde ich, um meinem Prinzip von Vermeidung der Trostlosigkeit getreu zu bleiben, zum Kontrast die Zuflucht nehmen. Ihm gegenüber einen demüthigen, einfachen, menschenliebenden, gottesfürchtigen Mönch, einen Freund des Faust. Begünstigt vom Himmel erführe er den Anschlag der Hölle und ränge vergebens, ihn zu erhalten. Als Faust zur Hölle führt, und auch ihn Zweifel greifen, erfährt er, dass Faust nicht auf immer verloren sey. So müsste das Stück beruhigend enden." Vergl. H. J. v. Collin, Sämtliche Werke. Wien 1814, Bd. VI. S. 73.

[2]) Waren wir vorher an die Beschwörung des Erdgeistes erinnert, so ist hier zu bemerken, dass Eckard genau an der entsprechenden Stelle erscheint, in der in Goethes Fragment Wagner „die Fülle der Gesichte" stört.

Faust bleibt in tiefem Grübeln allein. Da tritt Theophrastus Paracelsus auf, begrüsst ihn mit einem fürchterlichen Wort-schwall und fordert ihn auf, sich der Magie zu widmen, da er berufen sei, Grosses mit ihrer Hilfe zu leisten. Während Faust darüber nachdenkt, findet der vermeintliche Paracelsus Zeit, dem Leser zuzuflüstern, dass er gar nicht Paracelsus, sondern Mephisto sei, der in den entseelten Leichnam des berühmten Gelehrten gefahren, um so Faust zur Magie an-zuspornen.

Er entfernt sich mit den Worten:

„Noch heut' vernimmst du meines Todes Kunde:
Erinn're dann dich dieser Stund', und glaube!" (I. S. 44.)

Noch heftiger bewegt bleibt Faust in bangen Zweifeln zurück und ruft aus:

„Wer leitet mich aus diesem Labyrinthe
Von Zweifel und von Glauben? Wo hinaus
Wird dies Geweb' aus Schein und Wahrheit führen?

(Er geht unruhig auf und ab. Es ist heller Tag geworden. Der Schimmer der Morgensonne fällt in sein Zimmer. Plötzlich bleibt er stehen, breitet mit Lebhaftigkeit seine Arme im Sonnenschimmer aus, und sagt mit Feuer und Inbrunst:)

Willkommen, Tag! Vor deinem Lichte weicht
Das Schattenspiel der triegerischen Nacht:
O, send' auch Licht herab in meine Seele!"

Darauf hört man von ferne eine weibliche Stimme, die ein frommes Lied anstimmt.

(Der Gesang schweigt; Faust erhebt, begeistert, den Blick gen Himmel.)

Erhörst du mich, du Himmlische, zu der
Ich meine Hand in heisser Sehnsucht streckte?
Kommt Ihr vom Himmel, süsse Töne, mir
Mir zu verkünden, was im Himmel wohnt?
O, tönet fort; mit wonnetrunknem Ohr
Empfang' ich euch, der höhern Welten Boten!" (I. S. 46.)

Von neuem ertönen die friedlichen Klänge. „Faust hat mit tiefer Bewegung dem unsichtbaren Gesange gehorcht. Seine Gesichtszüge entwikkeln steigend den froh veränderten Zustand seines Herzens." Durch Mathilde — denn sie war

es, die gesungen hat - ist er momentan von dem Bund mit
der Hölle zurückgehalten.

Die ganze Situation erinnert auffallend an die Scene im
Studierzimmer in Goethes erstem Teil, in welcher Faust durch
die Osterchöre, die er beim anbrechenden Tag vernimmt, vom
Selbstmord zurückgehalten wird. Ja die Worte: „O tönet
fort" ruft der Schinksche Faust ebenso aus, wie der Goethesche. Ich vermag mich nicht zu der Annahme zu entschliessen,
dass hier nur ein Zufall gewaltet haben soll, obwohl ich keine
andere überzeugende Lösung dieses Rätsels gefunden habe.
Zwar liessen sich verschiedene Möglichkeiten denken, wie
Schink etwa von den entsprechenden Goetheschen Scenen
Kunde bekommen haben möchte; aber für keine dieser Ver-
mutungen vermag ich wirklich schlagende Beweise beizubringen.

Doch kehren wir wieder zu dem Stück selbst zurück!
Aus den schönen Träumen, in die ihn der Gesang gewiegt
hat, wird Faust durch Eckard geweckt, der ihm die Nachricht bringt, dass seine Gläubiger beschlossen haben, ihn
pfänden zu lassen, und ferner das Volk durch Priesterwut gegen
ihn aufgehetzt wird, weil man in der Nacht Flammen und un-
heimliche Geister in seinem Zimmer gesehen haben will.
Gleichzeitig überreicht Eckard einen Brief, den ein Unbe-
kannter abgegeben habe. Faust erfährt daraus, dass Paracelsus gestorben, sein Leichnam aber am Abend seines Todes
plötzlich verschwunden und erst am nächsten Morgen wieder
aufgefunden sei. Diese überraschende Nachricht bestimmt ihn
jetzt, den Schritt ins Geisterreich zu wagen, und trotz Eckards
Warnungen eilt er von dannen.

Mathilde erscheint in männlicher Kleidung. Ihr ist ein
Engel erschienen und hat sie aufgefordert, Faust zu retten.
Eckard will sie dabei unterstützen und auch verkleidet in Fausts
Nähe bleiben. Damit schliesst das Vorspiel.

In der nun folgenden I. Abteilung äfft Mephisto nochmals
in verschiedenen Gestalten Faust und sucht seinen Geist durch
ein tolles Zauberspiel, in welchem Irrlichter, Gnomen, Nixen,

Elfen, Salamander u. a. auftreten, noch mehr zu verwirren.
Endlich schliesst er mit ihm im Spesserwald den Vertrag. Faust
muss wie im Widmannschen Buche und im Volksschauspiel
geloben, sich nicht zu verehelichen. Auch muss er den
Glauben an Gott abschwören. Zwölf Jahre will Mephisto ihm
dienen, dann soll er der Hölle verfallen.

Bei Beginn der II. Abteilung finden wir Faust in seinem
Studierzimmer, das inzwischen mit auserlesenem Prunk aus-
gestattet ist. Auf einem Tisch stehen einige Beutel mit Gold.
Faust schlummert, und Mephisto sucht indessen durch eine
verführerische Musik die Sinnenlust des Schlafenden zu erregen.
Schon im Faustbuch von 1587 bringt der Teufel bald nach der
Verschreibung „zween Säck, der ein war Goldt, vndt der
ander Silber", und macht dann „ein suss Geplerr, damit D.
Faustus in seinem fürnemmen nicht möchte abgekehrt
werden."[1]

Bei Schink durchschaut Faust die Absicht Mephistos und
will den Kampf mit ihm aufnehmen. Er will nicht den
leichten Sieg der Entsagung wählen, sondern hineinstürzen

> „tolldreist in den Strudel
> Der wilden, ausgelassenen Begier.
> Um aus der Fluth, als Sieger, sich zu heben!" (I. S. 145.)

Eckard sucht jetzt verkleidet seinen ehemaligen Lehrer
auf, stellt sich ihm als Kaspar Fröhlich vor und bietet ihm
seine Dienste an. Damit übernimmt er die Rolle, die im
Volksschauspiel der Hanswurst spielen musste.

Auch Mathilde erscheint als junger Student verkleidet.
Obwohl Faust über die Aehnlichkeit des vermeintlichen Studenten mit Mathilde staunt, erkennt er sie doch nicht und
bestimmt, dass sie ebenso wie Kaspar fortan in seiner Nähe
bleiben solle.

---

[1] Schon G. v. Loeper, „Faust. Eine Tragödie von Goethe. Mit
Einleitung und erläuternden Anmerkungen" Aufl. II. Berlin 1879 Bd. I
S. 65 hat darauf hingewiesen, dass das Konzert, mit dem Mephisto im
ersten Teil Faust einschläfert, an diese Stelle im Volksbuch erinnert.

In einer Kirche erblickt Faust eine fromme Jungfrau Isabella, deren keusche Schönheit ihn mit heftiger Leidenschaft entflammt. Am Abend darauf hat er sich auf einem grossen Fest etwas eingekneipt und will sich von Mephisto zu einem schönen Weibe führen lassen. Dieser bringt ihn aber in Isabellens Garten, zu dem er sich durch Bestechung ihrer Amme[1]) Zutritt verschafft hat. Der bezechte Faust ist äusserst überrascht, hier Isabella zu finden und will sie leidenschaftlich umarmen. Doch Mathilde, die ihm heimlich nachgeschlichen ist, greift zu ihrem erprobten Mittel und fängt an zu singen. Faust wird so vor seinem sittlichen Fall gerettet und führt Isabella in die Arme ihres Verlobten Theodor, den sie bisher nicht heiraten durfte, weil er zu arm war. Faust beschenkt ihn jetzt so reichlich, dass der hinzukommende Vater seine Einwilligung zur Heirat erteilt. Damit ist Mephistos Plan vereitelt, und er muss, wie er selbst gesteht, seine Wut „in Verzweiflungs-Lache ausbrechen lassen." (I. S. 286.)

Bei Beginn der III. Abteilung kommt Faust nach Leipzig. Mephisto ist ihm vorangeeilt, um einen glänzenden Empfang vorzubereiten, denn er will Faust durch Ruhm blenden. Daher wird dieser überall mit tiefster Ehrfurcht begrüsst. Die Vertreter aller Fakultäten erscheinen und ernennen ihn zum vierfachen Ehrendoktor. Faust wird anfangs wirklich durch diese Komödie getäuscht, dann aber von Mathilde darauf aufmerksam gemacht, dass er ein „blödsicht'ger Fremdling in dem eignen Selbst" (II. S. 28) ist, und alles nur ein plumpes Possenspiel des Teufels war. Doch Mephisto hat sofort einen neuen Plan gefasst. Er gibt ihm einige Bücher, die seinen Verstand ganz verwirren sollen, und erreicht auch dadurch seinen Zweck. Wir erblicken Faust bald darauf auf dem Katheder, von wo aus er den versammelten Professoren die unsinnigsten Vorträge hält. Das wahnsinnige Zeug, das Schink hier Faust sprechen lässt, ist eine sehr platte und

---

[1]) Diese Amme trägt deutliche Züge von Goethes Martha Schwerdtlein und Shakespeares Amme im Romeo.

geistlose Verspottung der Fichteschen Philosophie und namentlich ihrer Lehre, es sei die erste Handlung der Intelligenz, dass sich das Ich selbst setzt.

Faust richtet durch seine Reden in den Köpfen der Professoren die heilloseste Verwirrung an, während die Studenten, mit denen er dann in Auerbachs Keller zecht, sich über ihn lustig machen. Wie in den Volksbüchern und im Volksschauspiel führen hier Faust und Mephisto verschiedene Zaubereien aus. Ans Volksschauspiel erinnert auch der unfreiwillige Ritt, den Eckard-Kaspar in dieser Abteilung auf einem Ziegenbocke durch die Luft machen muss (II. S. 33). Ebenso verwertete Schink die äusserst beliebte Scene des Volksschauspiels[1], in welcher Hanswurst ahnungslos den Zauberkreis betritt und durch das Perlicke, Perlacke, das er in einem Zauberbuch liest, die Teufel heraufbeschwört und wieder von dannen jagt (II. S. 66).

Die IV. Abteilung eröffnet „Gott Phantasus als Prolog." Wir erfahren, dass Faust, nachdem ihm Mephisto durch einen Zaubertrank die Erinnerung an Mathilde genommen habe, von einem Genuss zum andern taumle und von Stadt zu Stadt ziehe, überall Zaubereien vollführend. Mathilde sei in eine schwere Krankheit verfallen, jetzt aber glücklich genesen.

Die eigentliche Handlung beginnt in Wien mit einem Monolog Mephistos, der übrigens in dem ganzen Gedicht eine sehr klägliche und bemitleidenswerte Rolle spielt. Er will wie bei Weidmann Fausts Wunsch, Wohlthaten zu stiften, nur unterstützen, um dadurch Unheil hervorzurufen. Das gelingt ihm aber nicht, denn Faust hat einen neuen Schutzgeist in Gestalt eines böhmischen Grafen gefunden und vollführt mit seiner Hilfe wirklich edle Thaten. Er wünscht dann durch Mephisto die Geheimnisse der Natur zu erfahren. Dieser ist in äusserster Bestürzung, da er sie selbst nicht kennt. Doch

---

[1] Vergl. Karl Engel, „Das Volksschauspiel Doctor Johann Faust." Aufl. II. Oldenburg 1882 S. 214 und Creizenach a. a. O. S. 12. 15, 18, 21, 142 etc.

sucht er sich dadurch zu helfen, dass er ihm ein recht einfältiges Zauberspiel vorführt und schliesslich ein wunderschönes Frauenbildnis zeigt, das Faust aufs höchste entzückt. Mephisto erzählt, dass dieses Weib Schirin heisse und verspricht Faust ihren Besitz, wenn er einen unschuldigen Jüngling, der aus einer unehelichen Verbindung entsprossen ist, durch sein Beispiel zum Laster verführen will. Faust erwidert, Mephisto solle ihm den Jüngling bringen, doch wolle er ihn nicht verderben.

Die nächsten Scenen spielen auf einem Maskenball. Mathilde ist mit Eckard angekommen und hat, wie Ithuriel bei Weidmann, zu Fausts Rettung seine Eltern herbeigeführt. Alle vier nahen Faust erst maskiert. Dann singt Mathilde wieder ein schönes Lied, sie werfen die Masken ab, und Faust ist aufs äusserste gerührt. Da erscheint Mephisto mit dem Jüngling und zeigt Faust in einem Spiegel Schirins Bild. Faust eilt mit dem Jüngling von dannen, um Schirin aufzusuchen. Eckard folgt ihm. Die zurückbleibende Mathilde wird durch den „Chor unsichtbarer guter Geister" getröstet.

Die V. Abteilung wird durch „des Dichters Prolog" eröffnet. Wir erfahren durch denselben, dass Faust mit dem Jüngling Faustin, der sein eigener Sohn ist, in Italien angekommen sei.

Die Handlung beginnt in Rom, wo wir Mephisto als Gallerieinspektor und selbst ausübenden Künstler thätig finden. Er zeigt Faust ein herrliches Marmorbild. Faust verliebt sich förmlich in die Statue, die plötzlich Leben erhält. Er sinkt in die Arme des herrlichen Weibes. Da kommt Eckard hinzu, und als er „Faust in dieser schlüpfrigen Situation" erblickt, ruft er: „Phaos! Logos! Zoë!" (II. S. 257), worauf das schöne Weib zu einem dunkeln Schatten wird und verschwindet.

Jetzt bereitet Mephisto Faust eine neue Schlinge, indem er ihn erraten lässt, dass Faustin sein Sohn ist. Faust, der im Spesserwald damals auch geloben musste, nie einen Sohn an die Vaterbrust zu drücken, ist nahe daran, diesen Vertrags-

punkt zu brechen, doch schliesslich besteht er auch diese
Versuchung siegreich.

Die nächsten Scenen spielen am Hof des Herzogs von
Montaldi. Hierher ist Mathilde durch einen guten Genius
geführt worden und hat eine innige Freundschaft mit der
Herzogin Raphaele, die Schirins Gestalt hat, geschlossen. Auch
Faust erscheint an diesem Hof. Er wird von höchster Seligkeit ergriffen, als er in der Herzogin die gesuchte Schirin
findet. Sie selbst wird gleichfalls durch seinen Anblick zu
heftigster Leidenschaft entflammt. Mephisto naht sich Faust
in Gestalt eines Dominikanermönchs und erklärt, dass er von
Fausts Bunde mit dem Teufel wisse, die Kirche ihm aber Ab-
solution erteilen wolle, wenn er dem Lande einen Thronerben
verschaffen würde, da die Kraft des Herzogs ausgetrocknet
sei. Mit Verachtung weist Faust ihn ab. Darauf ist Mephisto so unvorsichtig, in einem Monolog seine ferneren Pläne
zu enthüllen und so laut zu sprechen, dass Eckard und Mathilde alles hinter der Scene hören und nun ihrerseits dagegen
Massregeln ergreifen können.

In der Grotte der Diana erblicken wir darauf Faust und
Raphaele. In edelmütiger Entsagung will Faust sich von der
Herzogin trennen und drückt den Abschiedskuss auf ihre
Hand. In diesem Augenblick eilt Mephisto als Dominikaner-
mönch mit dem Herzog herbei, der eifersüchtig Faust töten
will. Doch Eckard und Mathilde fallen ihm in den Arm.
Mephisto selbst zückt den Dolch auf Raphaele. Da ertönt
eine himmlische Musik. „Mephistopheles zittert, der Dolch
entsinkt ihm, sein Mönchsgewand zerfällt wie Asche. In
ein Dunstphantom verwandelt, schwebt er schwankend am
Boden." (II. S. 325). Wie bei Weidmann erscheint jetzt zum
Schluss Ithuriel und verkündet die Niederlage der Hölle.
Damit schliesst das Stück, nicht ohne uns erraten zu lassen,
dass jetzt Faust wirklich Mathilde heiraten wird.

Dies ist der wesentliche Inhalt des ungemein umfangreichen Werks, das über 600 enggedruckte Oktavseiten ein-

nimmt. Das Gedicht ist ebenso weitschweifig wie arm an Gedanken und besitzt nicht die geringste poetische Schönheit. Man kann die Sprache am besten durch ein Wort charakterisieren, das Schink selbst seinen Faust aussprechen lässt:

„Mein guter Freund, die Poesie, die man
In unsren Tagen für die rechte hält,
Die gothische genannt, die schäumt und reimt,
An Worten reich, arm an Gedanken ist,
Und mit dem Wasser, das sie überschwemmt,
In sanften Schlaf den werthen Leser plätschert,
Kömmt nie vom Kopf, ist blosser Fingerkribbel." (I. S. 148.)

Was die äussere Form anbetrifft, so wechselt Vers und Prosa. Der vorherrschende Vers ist der fünffüssige Jambus. Aus den zahlreichen andern Metren will ich nur die daktylischen Dipodien mit gleitenden Reimen, die dann Goethe so oft im ersten Teil des Faust anwandte, hervorheben. So lautet z. B. bei Schink der Chor der Salamander:

„Des den Sterblichen
Furchtbar verderblichen,
Aber auch segnenden,
Leben begegnenden
Feuers reine Geister sind wir....." (I. S. 86.)

Als Vorbild bei diesem Metrum mögen Schink vielleicht die Chöre in Goethes Lila vorgeschwebt haben. Auch hatte A. W. Schlegel dies Metrum bereits im Musenalmanach von 1802 in dem Hymnus „Die vor Liebe sterbende Maria"[1]) angewandt.

Schink hat seinem Faust eine Selbstrecension in Gestalt eines „Dialogs zwischen dem Dichter und einem Leser seiner Dichtung im Manuskripte" mit auf den Weg gegeben. Er sagt hier, er hätte den Stoff nicht in einem Bühnendrama bearbeiten wollen, weil „alles Zauber-, Wunder- und Geisterwesen im reinen Sinne des Wortes untheatralisch ist." Trotzdem

---

[1]) Vergl. „Musenalmanach für das Jahr 1802" hrsg. von A. W. Schlegel und L. Tieck. Tübingen 1802 S. 212. Die erwähnte Hymne ist eine Uebersetzung des lateinischen „Tandem audite me, Sionis filiae!", das in Simrocks „Lauda Sion" Köln 1850 S. 246 abgedruckt ist.

habe er in seinem Faust einen „wahrhaft dramatischen Charakter" geschaffen, der nicht das blinde Werkzeug übersinnlicher Mächte sei, sondern aus eigner, freier Willenskraft
heraus handle. Diese Behauptung beruht auf einer äusserst
naiven Selbsttäuschung des Verfassers. Der Charakter
des Faust ist ebensowenig dramatisch wie das ganze Werk.
Von einer Charakterentwicklung des Helden ist nichts zu
merken. Er bleibt immer derselbe energielose Schwächling,
der allein durchaus nicht stark genug ist, irgend einer Versuchung zu widerstehen, und sich von Mathildens Gesang
und Eckard wie ein Kind leiten lässt. Denn dass er schliesslich selbständig auf die Herzogin verzichtet, erscheint mehr
unbegreifliche, tugendhafte Laune, die wohl kaum lange an-
halten wird, als innere sittliche Notwendigkeit zu sein.
Ebenso ist er durchaus ein Werkzeug übersinnlicher
Mächte. Denn wie er noch vor Beginn der eigentlichen
Handlung durch Mephisto willenlos „in wilder Lüste Strudel"
gestürzt wird, lässt er sich auch später durch die einfältigsten
Gaukeleien täuschen.

Von irgend welchem Aufbau der Handlung kann gleichfalls keine Rede sein. Die einzelnen Scenen sind zusammen-
hanglos aneinander gereiht, und die Hilflosigkeit des Verfassers auf dem Gebiet der Technik des Dramas verrät sich
durch die ungeschickte Einfügung von Prologen und Mono-
logen in ganz bemitleidenswerter Weise.

Daher wurde dieser Faust bei seinem Erscheinen wenig
oder gar nicht beachtet. Schon die Fragmente desselben
waren ja, wie wir sahen, von berufenster Seite mit vernichtendem Tadel besprochen worden. Natürlich fanden auch jetzt
die Romantiker nur Hohn und Spott dafür. So schrieb Tieck
in den „Reisegedichten eines Kranken"[1]:

„Jüngst fragt mich einer
Neugierig forschend.

[1] Vergl. Gedichte. Dresden 1823 Teil III S. 178.

Ob ich vielleicht ganz unbedingt
(Was ihm unbillig schien)
Göthes Fragment vom Faust
Der Dichtung Schinks
Den Vorzug gäbe.
Er schüttelte ungläubig
Das denkende Haupt,
Als ich ihm betheuert,
Dass mir die zweite unbekannt.
Und ich auch ohne Trieb mich fühle
Sie zu geniessen."

Aehnlich äusserte sich Chamisso[1] 1806 Wilhelm Neumann gegenüber: „Auch kahle Papierbücher habe ich gelesen — so mitunter. Ich habe Schinks Faust — Gott strafe mich — redlich durchgelesen."

Aus den späteren Werken Schinks ist noch sein Buch „Satans Bastard eine Reihe von dramatischen Szenen aus der Zeitgeschichte von 1812 bis 1814" Berlin 1816 zu erwähnen, eine masslose Verhöhnung Napoleons, die zeigt, mit welch grenzenlosem Hass gegen den plebeischen Imperator die besseren Elemente in Deutschland damals erfüllt waren. Zu der ersten Scene, in welcher hier Satan vor dem Herrn erscheint, hatte Schink die Situation aus Goethes erstem Teil des Faust genommen.

So unbedeutend nun auch der Schinksche Faust war, so fand er doch einen Nachahmer in der Person des schon im ersten Kapitel erwähnten Julius von Voss. Man wird Voss immer mit Recht als oberflächlichen Vielschreiber aburteilen, selbst wenn L. Geiger[2] wirklich ihm zu Liebe seine angedrohte „Apologie der Vielschreiber" verfassen wollte. Bücher, wie „Der Berlinische Robinson. Eines jüdischen Bastards abentheuerliche Selbstbiographie"[3]

---

[1] Vergl. Werke a. a. O. Bd. V S. 163.
[2] Vergl. L. Geiger, „Eine unbekannte Faustdichtung" in der Nation. VI. Jahrg. 1889. S. 503.
[3] Dieser Roman weist übrigens verschiedene äussere Aehnlichkeiten in der Handlung mit der vorher erwähnten Robinsonade von Benkowitz auf.

Berlin 1810) wird wohl niemand ganz durchlesen können, ohne
von heftigem Ekel erfasst zu werden, und so vermag ich es
auch nicht mit Ludwig Geiger beklagenswert zu finden, dass
die Schriften von Voss so selten sind, wenn auch zugegeben
werden muss, dass dieselben für einzelne Zustände seiner Zeit
manches Charakteristische enthalten. Georg Ellinger, der den
Neudruck [1] seines Faust besorgt hat, gibt bei dieser Gelegenheit eine so ausführliche Charakteristik der Werke dieses
Schriftstellers, dass wir hier nicht noch näher darauf einzugehen brauchen.

Nur ganz kurz sei erwähnt, dass Voss, wie Schink, eine
frühere Geliebte, die hier Seraphine heist, Faust als guten
Engel zur Seite stellt. Doch gelingt es ihr nicht, Faust zu
retten. Als dieser auf einem schönen Eiland, das Leviathan
hervorgezaubert hat, in wildem Bacchanal schwelgt, kommt
Seraphine als Knabe verkleidet in einem Nachen herbei.
Sobald sie den Fuss auf das Land setzt, verwandelt sich
die schöne Insel in eine scheussliche Wüste und die schönen,
tanzenden Mädchen werden fürchterliche Schreckgestalten. [2]
Faust ist darüber ergrimmt. Ihm wird ein Dolch in die
Hand gezaubert, und er ersticht den vermeintlichen Knaben.
in welchem er zu spät Seraphina erkennt.

Dass sonst Voss die Grundgedanken seines Faust aus
Klinger entlehnt hat, hat Ellinger schon im einzelnen aus-
geführt. „Ein ernstes Drama" möchte ich diesen Faust
aber nicht nennen, sondern eher einen misslungenen, un-
brauchbaren Operntext.

[1] Berliner Neudrucke: Serie II Bd. II Berlin 1890.
[2] Es ist meines Wissens nach noch nicht darauf hingewiesen, dass
Heinrich Heine durch diese Scene wohl zu dem IV. Akt seines Ballets
„Der Doktor Faust" angeregt ist. Vergl. Sämtliche Werke hrsg. von
Ernst Elster. Leipzig. Bd. VI. S. 489.

IV.

Die erste Aufnahme von Goethes Faustfragment und fremde Fortsetzungen seines ersten Teils.

Wir haben bisher als Faustdichtungen der Stürmer und Dränger immer nur die Dichtungen Müllers und Klingers genannt, und doch muss in gewissem Sinne auch Goethes Faust dazu gerechnet werden, wenn er auch freilich über diese Epoche wie über alle Epochen der deutschen Dichtung hinauswuchs und jetzt als ein Abbild der gewaltigen Persönlichkeit des Dichters einen für alle Zeiten unerreichbaren künstlerischen Höhepunkt bezeichnet. In der Strassburger Zeit reifte der erste Plan zu einer Faustdichtung in dem jungen Dichter, und es ist oft erörtert worden, wie namentlich der „Urfaust"[1]) deutliche Spuren dieser Zeit trägt. Als dann 1790 das Fragment erschien, erinnerte wohl noch manches an die Sturm- und Drangperiode, aber diese Zeit lag schon weit in Goethes Entwicklung zurück, und mit klarer Objektivität vermochte er bereits auf sie als etwas längst Abgeschlossenes zu blicken. So war auch schon das Fragment den engen Grenzen einer einzigen Epoche entwachsen, und man kann nicht sagen, dass die Sturm- und Drangperiode darin ihren Ausdruck so, wie etwa in den Faustdichtungen Müllers und Klingers, gefunden hätte. Das aber hatte man gerade erwartet. Die grosse Menge konnte der Entwicklung des Dichters nicht so schnell folgen und fand noch Wohlgefallen an den Auswüchsen der

---

[1]) „Goethes Faust in ursprünglicher Gestalt nach der Göchhausenschen Abschrift hrsg. von Erich Schmidt". Aufl. III. Weimar 1894.

Sturm- und Drangperiode. Sie interessierte sich mehr für
das Groteske, Abenteuerliche der Faustsage als ihren tiefen
Gehalt, und so mochte sie vielleicht auf eine so ungeheuer-
liche Schöpfung gehofft haben, wie sie ihr dann ein Jahr
später in Klingers Roman entgegentrat. Wir fanden daher in denjenigen Faustdichtungen, welche zwischen 1790
und 1808 entstanden, überall die zahlreichsten Anklänge an
Klingers Roman, aber sehr selten eine Reminiscenz aus Goethes
Fragment. So begegnen wir auch in den zeitgenössischen
Recensionen[1] nirgends der staunenden Bewunderung, die das
Fragment seiner wahren Bedeutung nach hätte erregen müssen.
Selbst A. W. Schlegel sprach in den „Göttingischen Anzeigen
von gelehrten Sachen" zwar sehr anerkennend darüber, „aber
doch, wie R. Haym[2] bemerkt, in keiner Weise so, dass
sich darin eine klare Erkenntnis des Einzigen und Epoche-
machenden dieser Erscheinung ausspräche." Erst allmählich
fanden die Romantiker das richtige Verständnis für den Goetheschen Faust. Schon 1800 hatte Fr. Schlegel[3], als er in dem
„Versuch über den verschiedenen Styl in Goethes früheren
und späteren Werken" von den drei Perioden Goethes sprach
und als Marksteine derselben Götz, Tasso und Hermann und
Dorothea bezeichnete, das ausgezeichnete Urteil gefällt: „Ich
überlasse es daher Eurem eignen Urteil, ob Ihr etwa den
Faust wegen der altdeutschen Form, welche der naiven Kraft
und dem nachdrücklichen Witz einer männlichen Poesie so

---

[1] Eine Anzahl von Recensionen hat G. v. Loeper (a. a. O. Bd. I.
S. XII.) zusammengestellt. Auf eine wenig bekannte Kritik im „Journal
von und für Deutschland" IX. Jahrg. 1792 S. 668 möchte ich noch hinweisen. Hier wird zwar mit grosser Anerkennung von dem Fragment
gesprochen, aber doch heisst es dann, nachdem noch andere Faustdichtungen behandelt sind: „Es wäre also immer noch für ein junges
Genie eine verdienstvolle Arbeit, wenn es ein aufführbares Trauerspiel
aus dieser Geschichte verfertigte."

[2] „Die romantische Schule". Berlin 1870 S. 148.

[3] Vergl. „Friedrich Schlegel 1794—1802. Seine poetischen Jugend-
schriften", hrsg. von J. Minor. Wien 1882 Bd. II. „Gespräch über die
Poesie". S. 378.

günstig ist, wegen des Hanges zum Tragischen, und wegen
andrer Spuren und Verwandtschaften zu jener ersten Manier
zählen wollt. Gewiss aber ist es, dass dieses grosse Bruch-
stück nicht bloss wie die benannten drey Werke den Charakter einer Stufe repräsentirt, sondern den ganzen Geist des
Dichters offenbart, wie seitdem nicht wieder; ausser auf andre
Weise im Meister, dessen Gegensatz in dieser Hinsicht der
Faust ist, von dem hier nichts weiter gesagt werden kann,
als dass er zu dem Grössten gehört, was die Kraft des Menschen je gedichtet hat."

Schelling [1] sprach im Sommer 1802 in seinen Vorlesungen
an der Universität Jena von dem „eigenthümlichsten Gedichte
der Deutschen", mit dem der Dichter „einen ewig frischen
Quell der Begeisterung geöffnet" habe.

Auch Hegel [2] verwertete in seiner „Phänomenologie des
Geistes" Citate aus dem Faustfragment.

So fand der erste Teil des Faust, der endlich im Jahre
1808 erschien, ein viel reiferes und verständnisvolleres Publikum als vorher das Fragment. Jetzt in der tiefsten Not
des Vaterlandes wurde das Gedicht mit verdoppeltem Jubel
begrüsst. „Die Frage, ob es denn wirklich aus sei mit dem
alten Deutschland, sagt Treitschke [3], lag auf Aller Lippen;
und nun, mitten im Niedergange der Nation, plötzlich dies
Werk — ohne jeden Vergleich die Krone der gesamten mo-
dernen Dichtung Europas — und die beglückende Gewissheit,
dass nur ein Deutscher so schreiben konnte, dass dieser Dichter

---

[1] Vergl. „Vorlesungen über die Methode des akademischen Studiums".
Tübingen 1803 S. 258.

[2] Vergl. „System der Wissenschaft". Bamberg und Würzburg 1807.
S. 299. Sehr geschmackvoll ist es freilich nicht, wenn Hegel hier ein
Wort Mephistos variiert und von dem Selbstbewusstsein sagt:

> „Es verachtet Verstand und Wissenschaft
> des Menschen allerhöchste Gaben —
> es hat dem Teufel sich ergeben
> und muss zu Grunde gehen".

[3] Deutsche Geschichte im neunzehnten Jahrhundert. Leipzig 1879.
Bd. 1. S. 317.

unser war und seine Gestalten von unserem Fleisch und Blut!
Es war wie ein Wink des Schicksals, dass die Gesittung der
Welt unser doch nicht entbehren könne, und Gott noch Grosses
vorhabe mit diesem Volke."

Um so unbegreiflicher erscheint es, wie jemand nach dem
Erscheinen des ersten Teils noch den Mut finden konnte, nicht
nur eine neue Bearbeitung der Faustsage zu wagen, sondern
sogar den Goetheschen Faust direkt fortzusetzen. Diese Kalt-
blütigkeit besass der einfältige Schöne, den wir schon im
ersten Kapitel als Faustdichter kennen gelernt haben. Inzwischen hatte er unter dem direkten Einfluss von Müllners
Schuld ein vieraktiges Trauerspiel „Die Macht der Leidenschaft" Berlin 1818 in den für das Schicksalsdrama so charakteristischen vierfüssigen Trochäen verfasst. Das Stück nimmt
sich wie eine Karikatur des Müllnerschen Dramas aus. Doch
hatte Schöne die Schicksalsidee, die er in der Vorrede für
äusserst unsittlich erklärte, aufgegeben. Hier soll gewiss
nicht dem Schicksalsdrama das Wort geredet werden, aber
es kopieren und ihm zugleich den wesentlichsten Zug nehmen,
ist doch wahrlich ganz unsinnig.

Schönes neue Faustdichtung nannte sich „Fortsetzung
des Faust von Göthe. Der Tragödie zweiter Theil." Berlin
1823. Doch war es nicht eigentlich eine Fortsetzung des
Goetheschen Faust, als vielmehr eine elende Kopie[1]) desselben.

Mit einer Scene, die genau dem „Trüber Tag. Feld" ent-
spricht, aber in Versen geschrieben ist, beginnt die Schöne-

---

[1]) Einem ähnlichen Versuch begegnen wir in „Faust. Eine Tragödie
von Goethe". Fortgesetzt von J. D. Hoffmann. Leipzig 1823. Jakob
Daniel Hoffmann hat zwar seine Faustdichtung etwas selbständiger
verfasst als Schöne, aber gleichwohl ist sie als ebenso misslungen zu
betrachten. Besonders geschmacklos ist die Scene, in welcher Faust
in einem Gasthaus die einzelnen Details von Gretchens Hinrichtung erzählen hört. Uebrigens scheint Hoffmann sich mit Vorliebe der Goetheschen Dramen angenommen zu haben, denn er hat auch eine Tragödie
„Tassos Tod" Leipzig 1834 verfasst. Vergl. dazu Franz Brümmer.
„Deutsches Dichter-Lexikon". Eichstädt u. Stuttgart 1875. Bd. I. S. 375.

sche Dichtung. Es folgen „Wald und Höhle“, „Weinberg am
Rhein“ (eine Scene, die Auerbachs Keller ersetzt) und einige
Auftritte in einem Kloster, die genau den Gartenscenen nachgebildet sind. In Venedig verführt Faust auf einem Maskenball Faustina, die Tochter des Dogen. Aeusserst komisch
berührt es den Leser, wenn diesem Maskenball ein Intermezzo
„Winternachtstraum“ folgt. Die verführte Faustina hält darauf
einen Monolog, der nur in einer Verwässerung von Gretchens
„Meine Ruh ist hin“ besteht, und tötet sich durch Gift.

In Rom gewinnt durch den erhebenden Einfluss der Kunst
wieder das Edle in Faust Seele die Herrschaft. Gestärkt und
erquickt wird er durch eine grosse kirchliche Feier in der
Peterskirche. Hier werden wir wieder an „Dom Amt, Orgel
und Gesang“ erinnert. Von nun an kann Mephisto keinen
Einfluss mehr über Faust gewinnen, der schliesslich in einer
Scene „Offenes Feld mit einem Rabensteine. Faust und
Mephistopheles auf Rossen“ selbst den Tod begehrt, als er
Gretchen am Galgen erblickt. Mephisto fährt mit ihm in die
Hölle. Doch in einem „Epilog im Himmel“, zu dessen Be-
ginn wie bei Goethe die Engel Raphael, Gabriel und Michael
Gottes Herrlichkeit preisen, befiehlt der Herr dem zu früh
triumphierenden Mephisto, Fausts Seele heraufzuholen, da
dieser gebüsst und geglaubt habe.

Schöne bildete sich wirklich ein, durch dies klägliche
Produkt Goethes Faust vollendet zu haben, denn als er das
Manuskript an Goethe sandte, sagte er in der Widmung:

„O, wolltest Du das Ende dem verleihen,
Was unbeendet schon so sehr entzückt!
O, möchten Deine Jahre sich erneuen,
Und würde Dir des Grabes Ziel entrückt!
Ja, dann! — Du schweigst. Du willst den Faust nicht enden,
So wagt' ich's zitternd denn ihn zu vollenden.“ (S. VI.)

Goethe antwortete am 3. Dezember 1821 in einem sehr
höflichen, aber kühlen Ton[1]). Er verzichtete darauf, Schöne
seine Ansicht über das Manuskript mitzuteilen, und erklärte

---

[1]) Goethe-Jahrbuch 1881 Bd. II. S. 291.

nur: „ich fühle mich darüber mit mir selbst enzweyt, denn
indem ich Ihre Bemühungen zu schätzen alle Ursache fand,
so war es mir doch nicht möglich, mich darüber vernehmen
zu lassen." Doch Schöne war natürlich nicht feinfühlig genug,
das Ablehnende in Goethes Antwort herauszufühlen. So ver-
sicherte er in einigen Versen, die er seiner Dichtung voraus-
schickte, Goethe hätte ihm durch seine Antwort einen „Lehr-
brief" erteilt. Goethe schrieb am 14. Dezember an Zelter[1]:
„Herr Schöne hatte mir sein Manuskript geschickt; ich sah
nur hier und da hinein. Es ist wunderlich, dass ein sinniger
Mensch das für Fortsetzung halten kann, was nur Wieder-
holung ist. Das Hauptunglück aber bleibt, dass sie haben in
Prosa und in Versen schreiben lernen, und damit, meinen
sie, wäre es gethan." In des Dichters Nachlass aber fanden
sich die scharfen Verse[2]:

> „Dem Dummen wird die Ilias zur Fibel:
> Wie uns vor solchem Leser graus't!
> Er lies't so ohngefähr die Bibel,
> Als wie Herr Schöne meinen Faust."

Das Verhalten Goethes gegenüber Schöne ist bezeichnend
für das streng ceremonielle Wesen, das in den letzten Lebens-
jahren des Dichters so stark hervortritt. Er war mit Recht
über Schönes Albernheit verstimmt und unterliess es trotzdem
aus Höflichkeit nicht, ihm ein paar verbindliche Zeilen zu
schreiben.

Wesentlich bescheidener als Schöne veröffentlichte Karl
Rosenkranz ein „Geistlich Nachspiel zur Tragödie Faust"
Leipzig 1831. In der Widmung an Goethe nennt er dessen
Faust einen „königlichen Dom" und bittet den Meister, ihm
nicht zu zürnen, wenn er zu diesem Dom die niedere Kapelle
zu fügen wage. Es ist dies eigentlich keine Fortsetzung des
Goetheschen Faust, sondern eine Satire auf zeitgenössische.

---

[1] H. Döring, „Goethes Briefe in den Jahren 1768 bis 1832", Leipzig
1837, S. 351.

[2] Weimar. Ausgabe Abt. I. Bd. V. S. 191.

theologische Streitigkeiten. Mit Recht konnte sich daher Rosenkranz in seinen Essays „Zur Geschichte der deutschen Literatur" (Königsberg 1836 S. 151) gegen den von der Kritik erhobenen Vorwurf verwahren, dass er ebenso anmassend wie Schöne den Goetheschen Faust habe beendigen wollen. In seiner Selbstbiographie[1]) erzählt er sehr anspruchslos, wie er als Student in Heidelberg während des Lärms der Messe dies Nachspiel in wenigen Tagen vollendet habe.

In demselben Jahre, in welchem Rosenkranz sein Nachspiel veröffentlichte, erschienen auch im Cottaschen Morgenblatt[2]) einige „Faustische Scenen." Es waren dies die ersten poetischen Versuche Gustav Pfizers, die einen künstlerischen Wert nicht besitzen. Die Handlung knüpft an das Ende der Goetheschen Tragödie an. Faust ist voll Reue über das durch ihn verschuldete Unglück Gretchens, Mephisto stellt ihm den ehemaligen Schüler vor, der inzwischen Doktor geworden ist und auch im Bunde mit der Hölle steht. Frech begrüsst dieser den ehemaligen Lehrer als „Bruder in Diabolo". Faust weist ihn zornig ab, da er es wagt, sich mit ihm zu vergleichen, der er nur in einer Not, die Seinesgleichen nie fassen könne, den Bund geschlossen habe. Gretchens Geist erscheint Faust, mahnt ihn zur reuigen Umkehr und weist ihn nach dem heiligen Boden Roms. Er wird bei dem Gedanken an Rom von glühender Begeisterung ergriffen, verbannt Mephisto aus seiner Umgebung und folgt der Weisung Gretchens. In Rom will er sich dem Studium der Kunst widmen im Gegensatz zu Wagner, der auch hier nur in alten, verstaubten Handschriften wühlt. Mit einem Auftritt, in welchem Mephisto seinen Dämonen befiehlt, dass sie von neuem Faust in Rom umgarnen sollen, schliessen die Scenen.

Die ersten Bühnenbearbeitungen des Goetheschen Faust

---

[1]) „Von Magdeburg bis Königsberg". Berlin 1873 S. 330.
[2]) Jahrg. XXV. S. 633—34, 639—42, 649—50, 657—58, 662—66.

und Holteis Melodrama (1832) hat Adolph Enslin schon in
einer kleinen Schrift[1] ausführlich besprochen.

So sei hier nur noch Grillparzers gedacht, der sich in
seiner Jugend auch mit dem Plane einer Faustdichtung trug.
Die wenigen darauf bezüglichen Notizen sind in der Sauer-
schen Ausgabe[2] zusammengestellt. In früher Jugend wollte
er in Faust „einen jungen Menschen beim Erwachen der
Leidenschaft" d. h. sich selbst schildern. Die kurzen Bemerkungen, die er darüber 1811 aufzeichnete[3], erinnern lebhaft an die Schilderung seiner ersten schwärmerischen Neig-
ungen zu einigen Schauspielerinnen, die er in seiner Selbstbiographie entwirft. Aus dem Jahre 1814 ist eine kurze
gereimte Scene erhalten. Faust sucht vergeblich in der Ein-
samkeit des Waldes Ruhe und Frieden. Mephisto triumphiert
darüber, dass der, welcher erst einmal den „Kelch der Welt-
lust" versucht hat, zum „ew'gen Trinker" daraus verflucht
ist, weil sein „an Fleisch gewohnter Magen" die Klostersuppe
nicht mehr vertragen kann.

Einige Jahre später machte Grillparzer noch eine Auf-
zeichnung[4] über seine einstigen Faustpläne, an die er sich
selbst nicht mehr recht erinnern konnte. Er wollte Faust
nach Gretchens Tod zur Erkenntis gelangen lassen, dass das
wahre Glück in „Selbstbegrenzung und Seelenfrieden" bestehe.
In einer braven Familie sollte er den ersehnten inneren Frieden
finden, der Freund und Lehrer eines Knaben werden und
eine innige Liebe zu einem Mädchen fassen, das Gretchen
ähnlich sieht. Doch die Erinnerung an seine frühere Schuld
sollte zerstörend zwischen ihn und das Glück, das ihm hier
winkt, treten und ihn so lange peinigen, bis er den Teufel
den Vertrag noch vor der Zeit vollziehen lässt.

[1] „Die ersten Theater-Aufführungen des Goetheschen Faust. Ein
Beitrag zur Geschichte des deutschen Theaters". Berlin 1880.

[2] Grillparzers sämtliche Werke in der Cottaschen Bibliothek der
Weltliteratur. Bd. XI. S. 255.

[3] a. a. O. S. 256.

[4] a. a. O. S. 257.

Diese Mitteilungen sind so dürftig, dass wir uns kein bestimmtes Bild von Grillparzers Faustplänen machen können, zumal sich die einzelnen Aufzeichnungen noch widersprechen. Während es sich 1811 um eine ganz neue Faustdichtung handelt, ist später nur von einigen Schlussscenen zum Goetheschen Faust die Rede. Ernstlich wird der Dichter wohl nicht daran gedacht haben, das Werk Goethes zu vollenden. Vielleicht gab er auch erst bei seinem Besuch in Weimar unter dem überwältigenden Eindruck von Goethes Persönlichkeit den Plan endgültig auf.

Zahllos sind die Dichtungen, die nach 1832 unter dem Einfluss des Goetheschen Faust entstanden sind. Man hat ihn daher oft eine Centraldichtung genannt. Schelling hat Recht behalten: Goethe hat durch dieses Riesenwerk einen Quell ewiger Begeisterung eröffnet, aus dem die hervorragendsten Dichter des XIX. Jahrhunderts geschöpft haben. Es wäre eine schöne und dankbare Aufgabe, die noch der Lösung harrt, einmal die bedeutendsten Dichtungen, welche dem Goetheschen Faust stofflich verwandt sind, zusammenhängend zu betrachten.

Buchdruckerei Kastner & Lossen, München.